OTTO DIX

DIX

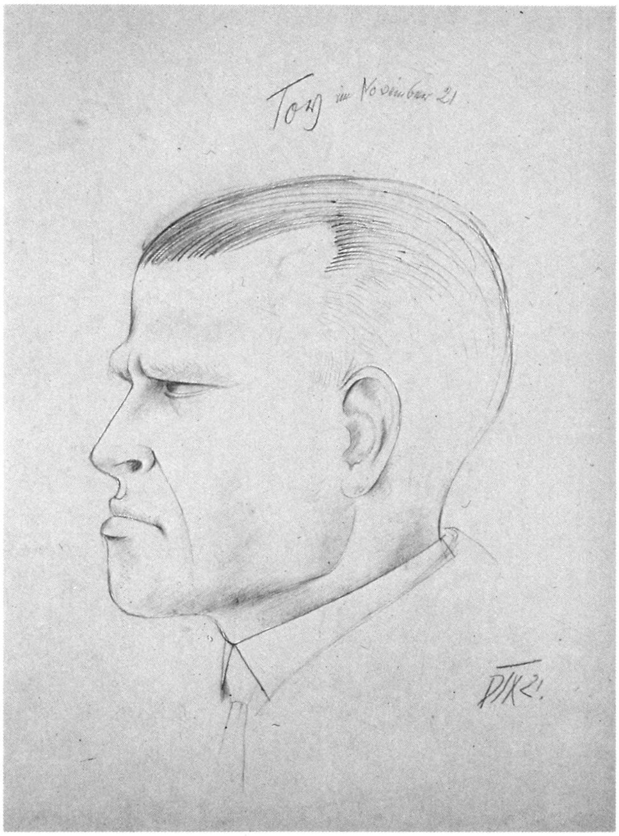

von Eva Karcher

GONDROM

Haupttitel: SELBSTBILDNIS (TOY), 1921
Bleistift, 56,3 x 43,2 cm
Otto Dix Stiftung, Vaduz, Liechtenstein

Umschlag-Vorderseite: GROSSTADT (TRIPTYCHON), 1927-28
Mischtechnik auf Holz
181 x 201 cm
Galerie der Stadt Stuttgart

LIZENZAUSGABE FÜR GONDROM VERLAG GMBH & CO. KG, BINDLACH 1992
GESAMTREDAKTION DER REIHE »MEISTER DER MODERNEN KUNST«
MADELEINE LEDIVELEC-GLOECKNER

ISBN 3-8112-0951-5

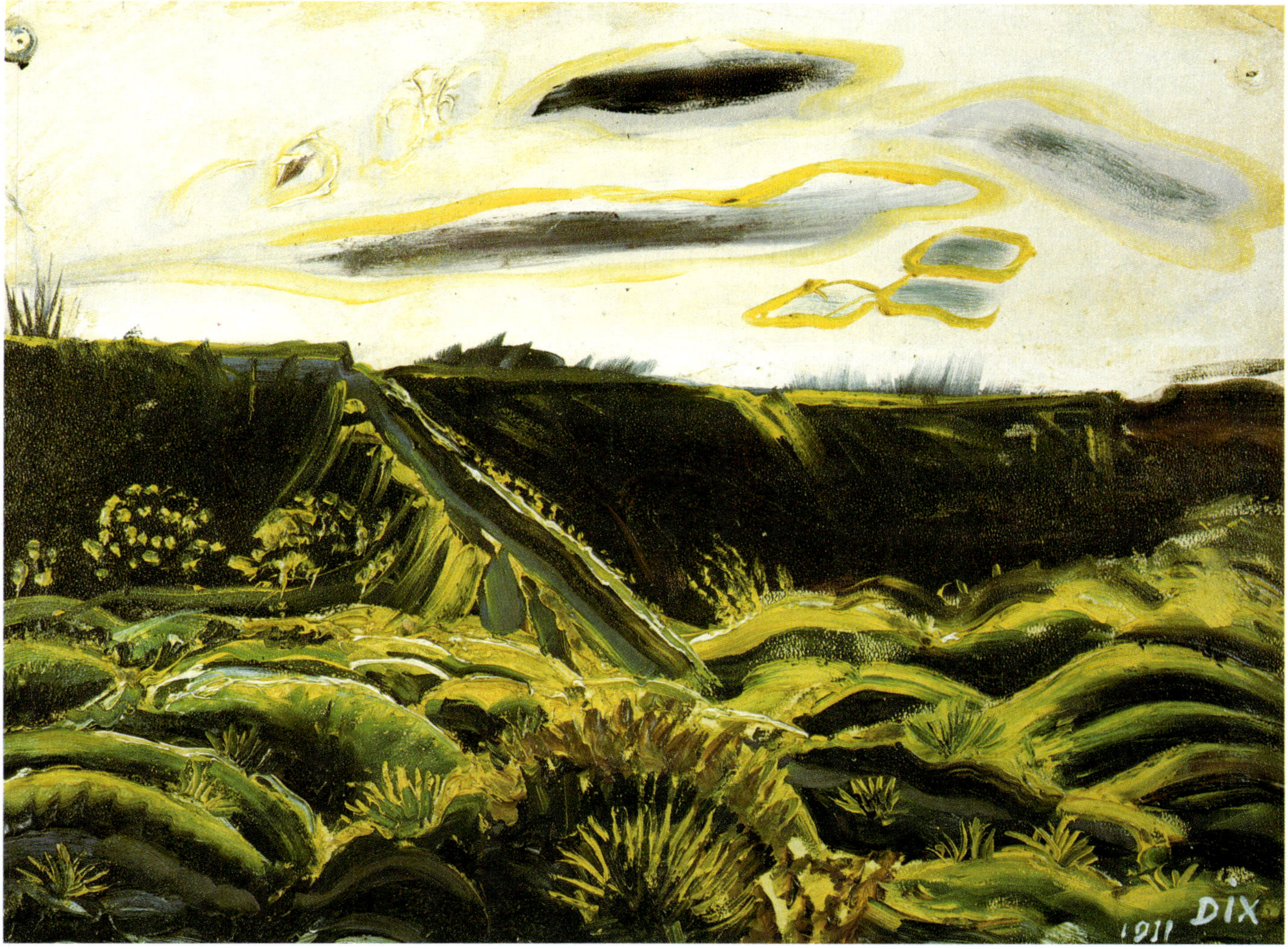

BAHNDAMM, 1911. Öl auf Papier, 38 × 51,8 cm
Otto Dix Stiftung, Vaduz, Liechtenstein

Alle Kunst ist Bannung
Otto Dix

Wilhelm Heinrich Otto Dix wurde am 2. Dezember 1891 als »erstes Kind des Eisengießereiarbeiters Franz Dix (1862-1942) und seiner Frau Louise (1863-1953), geb. Amann, in Gera-Untermhaus, Mohrenplatz 4, geboren«. So oder ähnlich beginnen die meisten Biographien über den Maler Otto Dix und beeilen sich, hinzuzufügen, daß »Otto somit aus dem Geraer Proletariat stammte, dessen Kinder im allgemeinen keine sozialen Aufstiegschancen hatten«.

Schnell war derart der Mythos vom »Proleten« Dix gezeugt. Die unverblümte Sprache des Malers, der sich zwar spärlich, aber immer prägnant, direkt und ohne verzierende Floskeln über seine Kunst äußerte, darf nicht als proletarisch mißverstanden werden. Sie ist vielmehr Ausdruck einer

Einstellung unvoreingenommener Wahrnehmung aller Phänomene menschlichen Lebens, auch und gerade solcher negativer Ausprägung. Befragt zur Sachlichkeit seiner Kunst, äußerte er einmal: »Sachlich... wer ist das schon? Natürlich, im Gegensatz zum Expressionismus und zum späteren abstrakten Stil ist die Welt des Gegensätzlichen etwas, das dem Tatsächlichen nahegerückt erscheint! Man könnte bei mir damals z.B. die starke Betonung des Stofflichen, des Materiellen sachlich gefunden haben. Das Stoffliche.« Wenn Dix 1927 in der Berliner Nachtausgabe sagte: »Für mich bleibt jedenfalls das Objekt das Primäre«, so grenzte er sich auch jetzt gegenüber der »Trend«-Kunst »Sachlichkeit« ab. Seine Haltung ist der sachlichen genau entgegengesetzt: Diese ist vorgeprägt durch ihren Anspruch an Objektivität und nimmt die Gegenstände sozusagen mit einem durch ihre Idee von der Sachlichkeit der Dinge und Körper verstellten Blick wahr. In der Kunst schafft sie so bildnerische Ergebnisse ihrer zum Wertmaßstab erhobenen Idee, wird damit zwar ihrer Idee, nicht aber der abgebildeten Sache gerecht. Dix hingegen beharrt auf seiner subjektiven Wahrnehmung als Ausgangspunkt seiner Gestaltung. Er nimmt die Sachen selbst in ihren Erscheinungsformen ernst, er studiert ihre Materialität und stoffliche Beschaffenheit in allen Details genauestens. Es entstehen vielschichtige bildnerische Analysen, keine gemalten Pamphlete von Klassenhaß, wie etwa bei George Grosz. Dieser malte und arbeitete »aus Widerspruch« und versuchte durch seine Arbeiten die Welt in ihrer ganzen Häßlichkeit, Krankheit und Verlogenheit darzustellen. Noch zwei weitere Kriterien grenzen die Kunst von Dix deutlich von der seiner »neusachlichen« Künstlerfreunde ab: seine einzigartige Konzentration auf die körperliche Erscheinung der abgebildeten Gestalt in auch den winzigsten Nuancen ihrer physiognomischen Eigenarten und sein spezifischer, von Merkmalen des Grotesken gekennzeichneter Humor.

In seiner Selbsteinschätzung stellt Dix, der sich stets auf seine Verwurzelung in der Tradition der Malerei, insbesondere der altdeutschen des 16. Jahrhunderts berief, schließlich seine stilistische Zuordnung zur Gruppe Neue Sachlichkeit, Verismus, zusätzlich in Frage. Eine ähnlich ernste Auseinandersetzung mit den Inhalten und speziell der Lasurtechnik der altdeutschen Malerei des 16. Jahrhunderts ist bei anderen Vertretern der Richtung nicht anzutreffen. Dix' eigene Worte bestätigen seinen Status des Einzelgängers innerhalb der Kunst der zwanziger Jahre:

> Ein Schlagwort hat die letzten Jahre hindurch die schaffende Künstlergeneration bewegt: »Schafft neue Ausdrucksformen!« lautete die Parole. Ob das aber überhaupt möglich ist, erscheint mir zweifelhaft. Wenn man sich vor den Bildern alter Meister aufhält oder sich in das Studium dieser Schöpfungen vertieft, wird mir der eine oder andere gewiß recht geben. Jedenfalls liegt für mich das Neue in der Malerei in der Verbreiterung des Stoffgebietes, in einer Steigerung der eben bei den alten Meistern bereits vorhandenen Ausdrucksformen.

Otto Dix, der leidenschaftlich Schaulustige, ist neben Max Beckmann, seinem Antipoden, der große Einzelgänger der Kunst der zwanziger Jahre. Zwar wurde er als Arbeiterkind geboren, wuchs jedoch unter eher klassenuntypischen Bedingungen auf. Nicht nur war die Mutter eine »musisch-lyrische« Natur, die als junge Frau Gedichte schrieb, auch ein Neffe, der Naumburger Fritz Amann, war Kunstmaler. Dix kam so früh in Berührung mit künstlerischem Handwerk. Seine nach 70 Jahren 1966, niedergeschriebenen Erinnerungen an die Kindheit in Gera sind von Sinneseindrücken bestimmt. »...Der Onkel hatte einen Laden, wo es nach Petroleum, Kaffee, sauren Gurken und allem möglichen roch. Überhaupt waren Geruchsempfindungen das Bedeutendste meiner Erinnerungen... Bei Vetter Fritz Amann, der Kunstmaler war, mußte ich manchmal Modell sitzen. Der herrliche Duft der Ölfarben, vermischt mit dem Duft des Tabakrauchs aus der Pfeife des Vetters weckten schon als kleiner Junge in mir den Wunsch, Maler zu werden. Vielleicht ist überhaupt der Geruchssinn viel elementarer als der Gesichtssinn, sozusagen der Ursinn.« Dix beschreibt seine Kindheit, seinem Temperament gemäß, lakonisch knapp, jedoch mit Gespür für prägnante Charakteristika. So erwähnt er sein eidetisches Vermögen, sich »Gedichte« und

»Gereimtes« spielend zu merken, und zwar visuell. »Ich sah die Seite des Buches im Geiste vor mir und las einfach ab.« Seine Jugend muß unbeschwert, naturverbunden, entdeckungsfreudig verlaufen sein. Seine zarte Konstitution machte ihn anfällig für Krankheiten (mehrfach Lungenentzündungen) und kleinere Verletzungen. Die körperliche Labilität wurde allerdings ausgeglichen durch eine bemerkenswerte Zähigkeit und Lebensenergie. Malen konnte Dix nach eigener Aussage »eigentlich ohne Vorbilder schon immer, aber natürlich verdankte ich meinem alten Lehrer Schunke (seinem Volksschullehrer in Gera) viel, das mich zur gestalterischen Freiheit führte«. Schunke vermittelte ihm ein Stipendium an der Kunstgewerbeschule in Dresden. Aus deren Unterricht in dekorativer, ornamentaler und plastischer Gestaltung bei K. Mebert, M. Rade und R. Guhr machte er zwischen 1909 und 1914 das Bestmögliche. Darüber hinaus bildete er sich vor allem autodidaktisch fort, besuchte häufig die Gemäldegalerie und die in dieser Zeit reger kultureller Aktivitäten Dresdens gebotenen Ausstellungen avantgardistischer deutscher und französischer Malerei. Diese frühen Anregungen zeigen vor allem die Auseinandersetzung mit impressionistischen, symbolistischen und kubistischen Tendenzen, wie auch der Malerei Van Goghs und der Brücke-Künstler. Es entstehen die ersten Gemälde, Zeichnungen und Gouachen, darunter Landschaften mit Motiven aus Dresden und Thüringen seit 1908 und zwischen 1912 und 1913 eine erste Gruppe von Selbstbildnissen.

Von Anfang an zeigt sich Dix' Bemühen, eigene bildnerisch-formale Mittel zu finden. *Lennéstraße in Dresden* (siehe S. 9) etwa oder *Straßenlaternen* (siehe S. 11) und *Bahndamm* (siehe S. 5) rhythmisieren die Bildfläche jeweils durch nachdrücklich gesetzte Pinselstrukturen. Dix setzt die Linie in ihren dynamischen Möglichkeiten in den folgenden Jahren bis 1919 als wesentliches Gestalt- und Aussagemittel ein. Sein ausgeprägtes Vermögen für detaillierte Formenwiedergabe, sein Sinn für die Plastizität und Stofflichkeit von Linie und prägnant eingesetzter Farbigkeit weisen zurück auf Dix' sinnliche Begabung. Sinneswahrnehmungen werden unter deutlichem Einbezug der malerischen Aktion in vielfältigste Pinselbewegungen umgesetzt. Im Gemälde *Bahndamm* ist die Landschaft aus parallel angeordneten, mit breitem Pinsel heftig aufgetragenen Farbbögen und schnell gewischten Farbbändern geformt. Der farbige Pinselstrich in mehr oder weniger starkem Auftrag wird zum eigenständigen Ausdrucksträger. Linien in Parallelisierung und Verflechtung, denen andere entgegengesetzt sind, bestimmen etwa das Gemälde *Sonnenaufgang* von 1913. Licht wird, wie in *Straßenlaternen* von 1913, als Stoff aufgefaßt, Lichtbahnen werden als materialisierte Energiebündel und Kreise wiedergegeben. Immer kühner, wie bereits im *Selbstportrait als Raucher* (siehe S. 18) und vor allem im *Selbstportrait als Mars* (siehe S. 19), wird der Raum in bewegte Form- und Farbstrukturen zerlegt und zersplittert. Ohne auf präzise inhaltliche Aussagen zu verzichten, verwandelt Dix die Bildfläche zunehmend zum Ort simultaner, ineinandergreifender Geschehnisse, die sich, in der Intention von atemloser Geschwindigkeit, zunehmend dramatisch zusammenballen. Nicht nur der »Linearismus« der Kunstströmungen jener Jahre, so von Futurismus und Kubismus, war hierfür von Einfluß, weit nachhaltiger waren es die Wahrnehmungserlebnisse des Malers im Ersten Weltkrieg.

Bevor wir uns diesen einschneidenden Jahren in Dix' Leben zuwenden, noch einige Bemerkungen zu seinen frühen Arbeiten. Seine Themen schien er nämlich von Anfang an, unbeeinflußt von Zeitströmungen — wenn auch von diesen jeweils angeregt —, gefunden zu haben: Landschaft als frühesten bildnerischen Ausdruck, Selbstportrait, seine Form der Selbstreflexion, die sich kontinuierlich über alle Schaffensperioden hinweg erstreckt, und schließlich Eros und Tod, das ihn eigentlich bestimmende Thema. In seiner Spannungsbreite erlaubte es ihm, alle Facetten menschlichen Lebens und Leidens miteinzubeziehen und zu veranschaulichen. Die Themen der zwanziger Jahre und der Spätzeit, Krieg, Großstadt, Prostitution und Religion, sind in ihm eingeschlossen. Wie bei allen großen Künstlern waren die Themen, Impulse für jede schöpferische Äußerung, immer »schon da«; ihre jeweils einmalige Form erhielten sie dann durch die gegebenen Zeitverhältnisse und damit verwobenen künstlerischen Entwicklungsstadien.

Das ambivalente Spannungsfeld von Eros und Tod faszinierte Dix aufgrund seiner vitalen, sinnenfreudigen Natur und seines ungestüm neugierigen Temperaments. Lustvoll sog er alle Nuancen menschlicher Existenz mit geradezu »gierigem« Blick auf. »Man muß ›Ja‹ sagen können zu den menschlichen Äußerungen, die da sind und immer da sein werden. Die außerordentlichen Situationen zeigen den Menschen in seiner ganzen Größe, aber auch in seiner ganzen Verworfenheit, ja Viehmäßigkeit«, meinte er einmal. Und weiter: »Man muß sich mit dem identifizieren können, was man darstellt.« Dix' unbedingtes ›Ja‹ und die Philosophie des ›Jasagers‹ Nietzsche entsprechen sich. Bereits 1911 begann sich Dix mit Nietzsche, dessen Denken er »für die einzig richtige Philosophie« hielt, zu beschäftigen. Sie wurde ihm zur geistigen Quelle seiner eigenen Einsichten, an denen er sein Leben lang festhielt. 1912 entstand aus dieser Auseinandersetzung eine getönte Gipsbüste Friedrich Nietzsches, die allerdings 1937 beschlagnahmt wurde und deren Verbleib seitdem unbekannt ist. Wie Nietzsche begriff Dix die Welt als ein »Ungeheuer an Kraft«, einer Kraft jenseits der Kategorien von Gut und Böse, die in einem ewigen Kreislauf von Werden und Vergehen gebiert und verschlingt. Dieser Kreislauf ist jedoch nicht blindwütiges Schicksal, dem man sich fatalistisch ergeben muß, sondern ermöglicht erst ewige Erneuerung in jedem Augenblick und damit die Fähigkeit, »Ja« zu sagen, auch zu Tod und Zerstörung. Dies instinktiv begriffen zu haben und in Bilder zu »übersetzen«, macht die Größe des Dixschen Werkes zuallererst aus. Nietzsche galt als der »Prophet« einer ganzen Generation von Künstlern und Intellektuellen zu Anfang des 20. Jahrhunderts und insbesondere am Vorabend des Ersten Weltkriegs, er war keineswegs eine Entdeckung von Dix allein. Direkt oder indirekt regte er Schriftsteller wie Gottfried Benn oder Ernst Jünger und Künstler wie Rudolf Schlichter und Max Beckmann an. Nietzsches Genese des Nihilismus und dessen Werthaltung konnte in entscheidenden Zügen auf die Struktur des Nihilismus der zwanziger Jahre beziehungsweise der Neuen Sachlichkeit als einer Ideologie übertragen werden. Deshalb zog er die genannten Künstler wohl auch so stark an. Dix hingegen eignete sich den Kern von Nietzsches Lehre an und vermochte dies wohl nur aufgrund des ihm eigenen, skeptisch-durchdringenden Blickes auf die Welt, gleichsam seiner zum Charakter gewordenen Eigenart der Wahrnehmung.

Eines der frühesten Gemälde von Otto Dix, 1911 entstanden, heißt *Blühen und Vergehen* (siehe S. 10). Ein Blütenzweig in einer Vase ist in geradezu programmatischer Weise einem Totenschädel zugeordnet. Beide der Tradition der Stillebenmalerei verpflichteten Motive sind klassische Symbole zur Kennzeichnung der polaren Gesetzmäßigkeit von Leben und Sterben. Zwar geschieht hier die Konfrontation noch in einer akademisch-illustrativen Weise, bedingt vor allem durch die kompositionelle Anordnung der beiden Gegenstände auf gleicher Höhe im Vordergrund eines Fensterausschnittes. Dennoch formuliert hier Dix bereits deutlich »sein« Thema: das der unauflöslichen Verknüpfung von Eros und Tod. Frühe Zeichnungen und Gouachen, wie die *Kauernde* (siehe S. 12) von 1913 oder *Walpurgisnacht* (siehe S. 15) von 1914, offenbaren in der explosiven Heftigkeit des Bleistift-, Feder- oder Tuschpinselstrichs eine Erlebnisfähigkeit, deren Energie und Direktheit immer die äußersten Pole menschlichen Daseins, die von Zeugung, Geburt, Leiden und Tod, zu vermitteln suchen. Immer bildet dabei der Körper den Ausgangspunkt der Auseinandersetzung. In den frühen Arbeiten wird Körperlichkeit in einem erweiterten, im Bereich der Mythen verankerten Kontext als Üppigkeit und formen- beziehungsweise muskelreiche Vitalität dargestellt. Im Vordergrund steht nicht, wie nach 1918, die Vergegenwärtigung gesellschaftlicher Widersprüche. Vorrangig in diesen frühen, um 1912/13 entstandenen Arbeiten ist die mythischen Vorbildern entstammende Veranschaulichung des ewigen Kreislaufes von Zeugung, Geburt und Vergehen. Weiblichkeit und Sexualität werden als Mysterien von ungebändigter, verlockender und zugleich bedrohlicher Wildheit und Fülle aufgefaßt.

Das 1919 datierte Gemälde *Schwangeres Weib* (siehe S. 40), das erste einer bis in die dreißiger Jahre reichenden Serie von schwangeren Frauen, steht völlig im Bann dieser Vision kosmischer Fruchtbarkeit. Als Huldigung des gebärenden Leibes, der Leben hervorbringt, vollzieht die Komposition die Kugelform der Leibesmitte in Variationen nach: Dix setzt den ganzen Körper aus

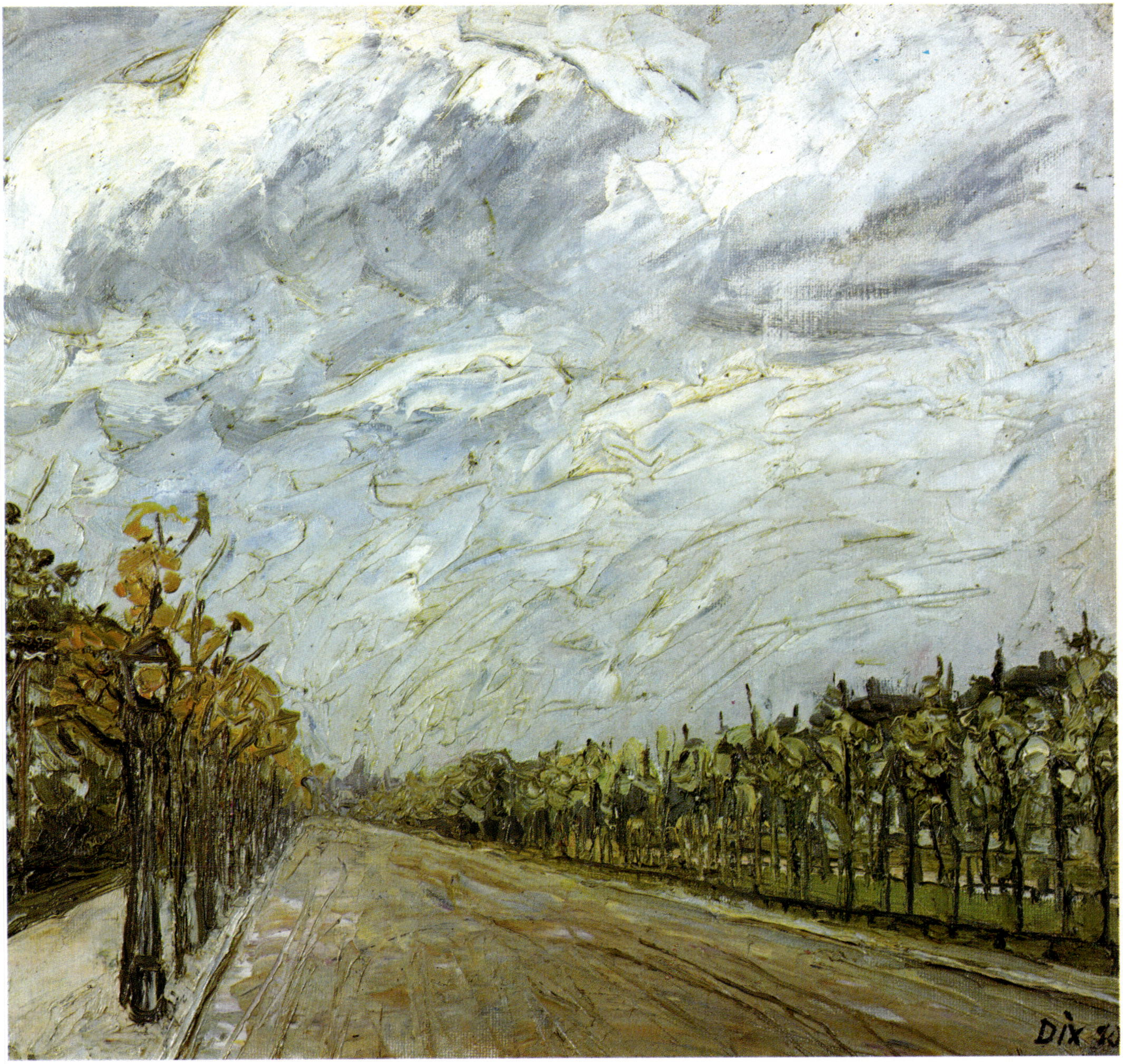

LENNÉSTRASSE DRESDEN, 1910. Öl auf Leinwand, 44,4 × 48,1 cm
Otto Dix Stiftung, Vaduz, Liechtenstein

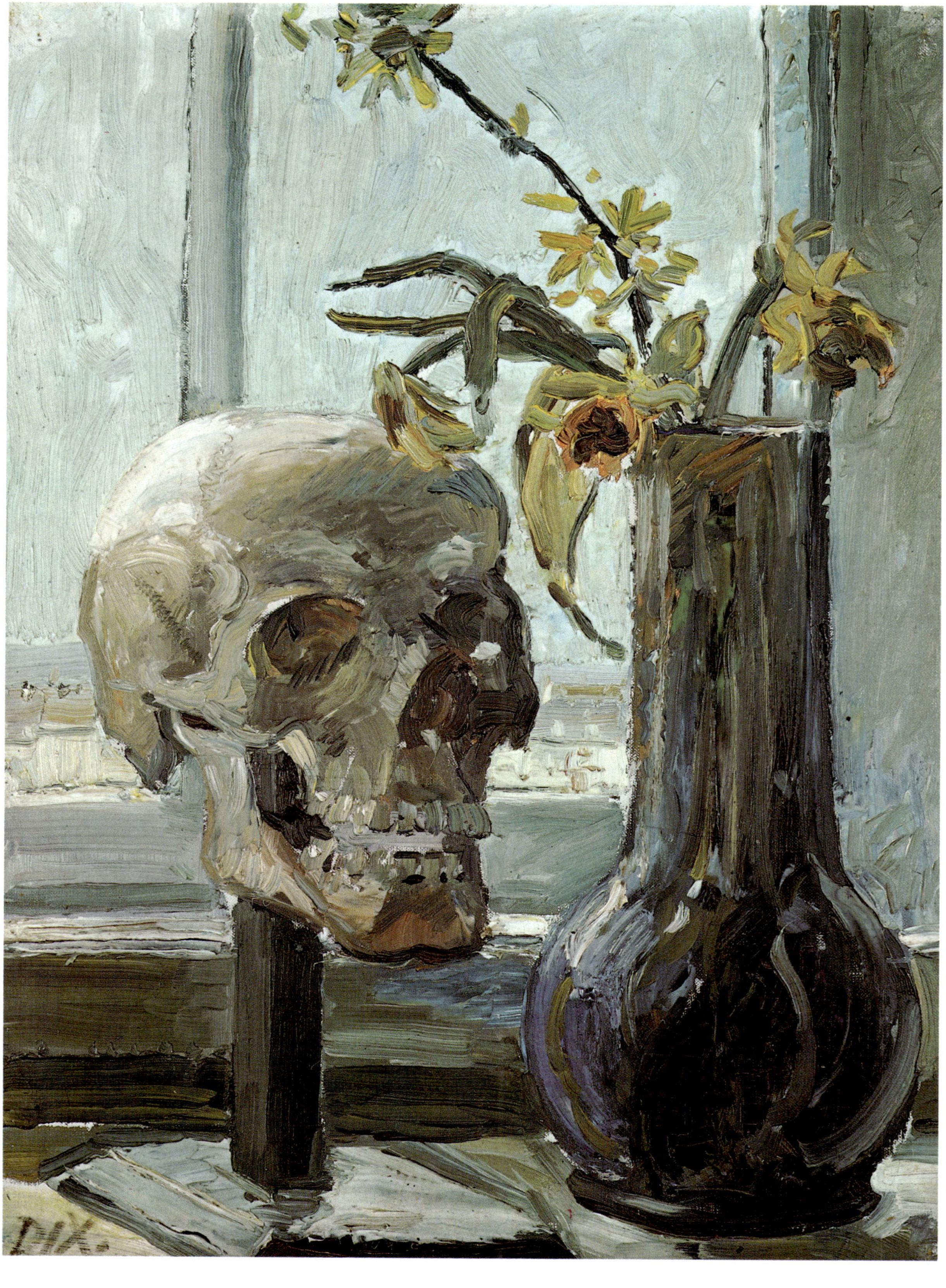

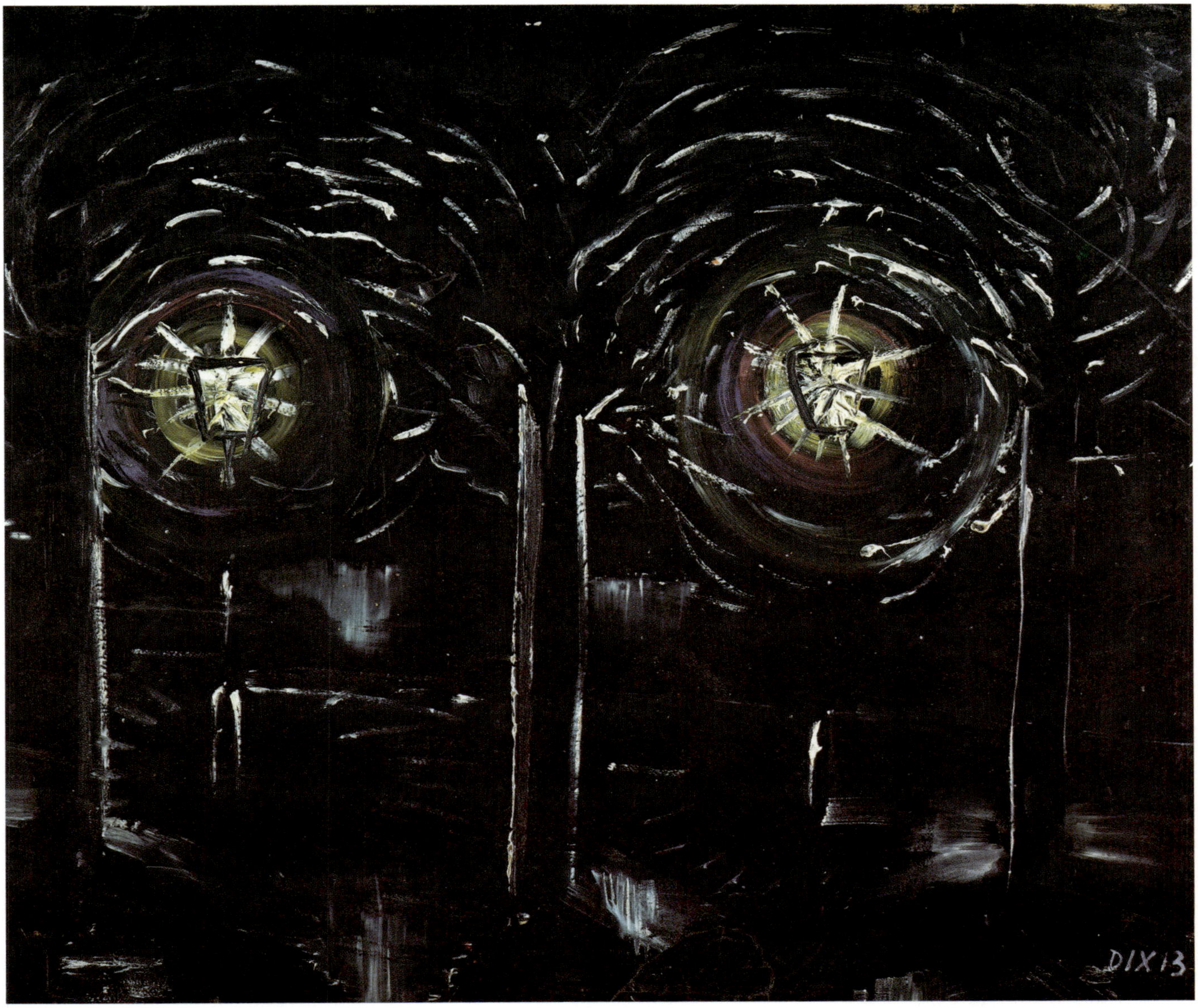

◁
Blühen und Vergehen, 1911
Öl auf Pappe, 63,5 × 48,5 cm
Stadtmuseum, Bautzen

Strassenlaternen, 1913
Öl auf Papier, 52,5 × 64,3 cm
Privatbesitz

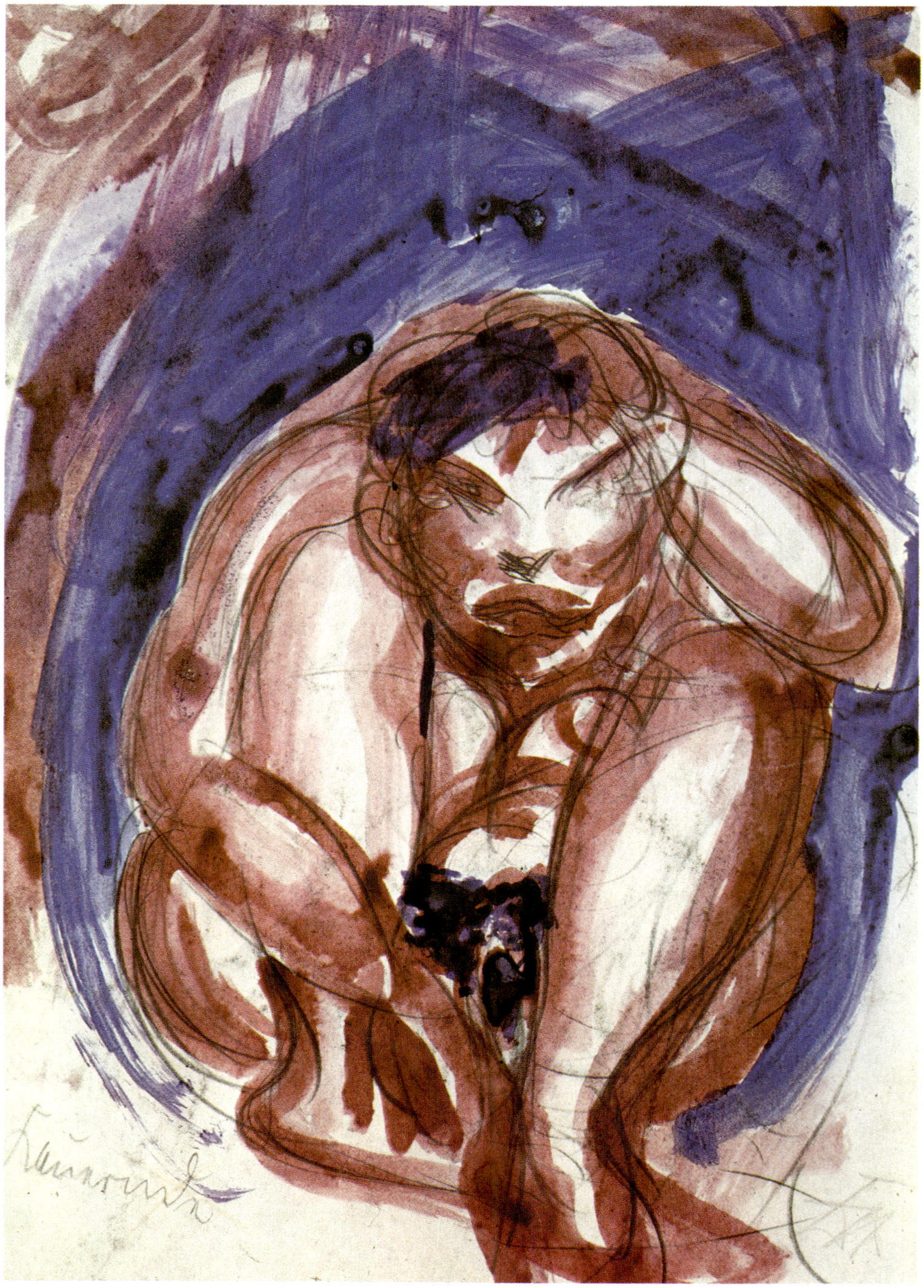

Kauernde, 1913. Bleistift, Tusche, 25,3 × 18,3 cm
Städtische Galerie Albstadt. Stiftung Walther Groz

Kreisen und Spiralformen zusammen, taucht ihn in die Farben des Alls (Blau) und der Erde (Rot) und verbildlicht so eindrücklich die Urgestalt von Eros und Leben: Die Kugelform der Erde und die Kugel des schwangeren Leibes verschmelzen. Das Erlebnis des Krieges veränderte diese beinahe hymnischen Huldigungen von Eros, Lust und Leben. Die Kehrseite, Sexualität und Perversionen, Prostitution und körperliche Deformationen, beherrschen nun die Arbeiten.

1914 meldete sich Dix, wie die meisten seiner Zeitgenossen, als Kriegsfreiwilliger. Von der gesamten jungen europäischen Generation wurde der Krieg zunächst als Symbol des Aufbruchs in eine neue Zeit, als Zeichen des fällingen Abschieds von einer in bürgerlicher Engstirnigkeit und Prüderie gefangenen Epoche willkommen geheißen. Nicht nur die frühexpressionistischen Dichter wie etwa Jakob von Hoddis oder Johannes R. Becher und Klabund, auch ein großer Teil der Professorenschaft teilte die allgemeine Kriegseuphorie der Jugend. Hochschullehrer verfaßten Aufrufe zum »Kampf«, nannten den Krieg ein »Wunder«, etwas »Großes«, begrüßten ihn als ein durch »göttliche Fügung gesandtes Heil«. »...Denn der gerechte Krieg ist nicht bloß Zertrümmerer, sondern auch Erbauer. Er vernichtet nicht bloß, sondern erzeugt auch Werte. Der gewaltigste aller Kulturzerstörer ist zugleich der mächtigste aller Kulturbringer«, hieß es zum Beispiel bei Otto von Gierke, einem der führenden Rechtslehrer seiner Zeit, Verfechter des »Deutschen Rechts« in Berlin. Nicht allein von deutscher Seite kamen solche hurrapatriotischen Auswüchse, auch die französischen Intellektuellen und Künstler teilten sie. Das 1914 ausgesprochene »adieu à toute une époque« des Dichters Guillaume Apollinaire mag hier stellvertretend für alle derartigen Äußerungen stehen. Auch die italienischen Futuristen um Umberto Boccioni und F.T. Marinetti setzten Krieg und Neubeginn in Beziehung, versprachen sich von ihm, wie F.T. Marinetti 1909, selbstreinigende Wirkung, »die einzige wichtige Hygiene der Welt«. All diese verblendeten Projektionen auf den Krieg als den großen Befreier der Menschheit sind nur begreiflich vor dem Hintergrund der sich anbahnenden ungeheuren Veränderungen durch das beginnende technische Zeitalter. Angesichts der abgelebten, eingerosteten, biedermeierlich-bürgerlichen Gesellschaftsstruktur, angesichts des Ekels vor der doppeldeutigen Moral des Wilhelminismus konnte Krieg mit Dynamik, mit Kraft, mit Fortschritt gleichgesetzt werden. Nicht lange jedoch, denn das tatsächliche Kriegsgeschehen mit seinem ungeahnten Ausmaß an Zerstörung desillusionierte die jungen Männer, die in den kommenden Jahren an der Front, bei den riesigen Materialschlachten oder durch die erbarmungslosen Brutalitäten des Stellungskriegs seit 1916 sterben sollten, meist augenblicklich. Georg Trakl schrieb 1914, nach dem Rückzug von Grodek, das folgende Gedicht als existentielles Resümee: »Am Abend tönen die herbstlichen Wälder / von tödlichen Waffen, die goldenen Ebenen / und blauen Seen, darüber die Sonne / düstrer hinrollt; umfängt die Nacht / sterbende Krieger, die wilde Klage / ihrer zerbrochenen Münder...« Die Zeilen Trakls wirken wie eine Paraphrase von Dix' Form und Farbe gewordener Qual gewaltsamen Todes im Gemälde *Sterbender Krieger* von 1915. Georg Trakl starb im ersten Kriegsjahr durch Selbstmord in einem Lazarett in Krakau.

Die Aussagen des jungen Dix über den Krieg, den er an vorderster Front miterlebte, und des alten sind erstaunlicherweise von der gleichen Haltung bestimmt, trotz der dazwischen liegenden etwa vierzig Jahre zeitlichen Abstands. Es ist deshalb gleichermaßen unzutreffend, ihn als Kriegsverherrlicher wie auch, aufgrund seines 1924/25 entstandenen Radierzyklus *Der Krieg* und des Kriegstriptychons von 1929-1932, ihn als Pazifisten einzuordnen.

In den Jahren 1915 und 1916 hält Dix in seinem Tagebuch fest: »Läuse, Ratten, Drahtverhau, Flöhe, Granaten, Bomben, Höhlen, Leichen, Blut, Schnaps, Mäuse, Katzen, Gase, Kanonen, Dreck, Kugeln, Mörser, Feuer, Stahl, das ist der Krieg! Alles Teufelswerk!« In erster Linie war dieses »von den Hagelschauern des Kriegs vernarbte Taschenbuch«, wie es der Dix-Forscher Otto Conzelmann charakterisiert, ein nüchternes »Merk- und Notizbuch für die sich laufend wiederholenden Agenda des Kriegsalltags«. Ganze Buchseiten sind bedeckt mit den Namen der Soldaten, denen Dix als Unteroffizier Ort, Zeit und Art ihres Dienstes zuzuteilen hatte. Vom November 1915 bis zum Dezember 1916 heißen die Kriegsschauplätze für ihn Champagne, Artois im französischen Flandern (dort spielten sich die Stellungskämpfe ab) und Somme-Ufer, wo zwei Großschlachten stattfanden. Auf insgesamt 46 Feldpostkarten aus den Jahren 1915 bis 1918, heute im Besitz der Kunstgalerie Gera in der Deutschen Demokratischen Republik, schuf Dix in kurzen, knappen, dabei eindringlichen Skizzen eine Chronik der Ereignisse. Oft erschöpften sich diese in zermürbendem, stumpfsinnigem Ausharren in Unterständen und unterirdischen Stollen. »Es hat Spaß gemacht, in der langweiligen Viecherei zeichnen zu können«, meinte er dazu viel später. Und: »Das Starre, Unmenschliche muß man gesehen haben.« Die Feldpostkarten, ebenso wie die Aufzeichnungen des Kriegstagebuchs, sind zugleich autobiographische Dokumente ersten Ranges, erhellen sie doch die Persönlichkeitsstruktur eines Künstlers, für den der Krieg tatsächlich in der Definition Heraklits »der Vater aller Dinge« wurde, nämlich das entscheidende Erlebnis seiner schöpferischen Entwicklung.

Dix besaß neben seiner hohen Sensibilität eine große »Portion« eines von neugieriger Anteilnahme gespeisten Abenteuergeistes dem Leben in allen Ausprägungen gegenüber. Zugleich hatte er die Gabe des kritisch-reflexiven Verstandes des Skeptikers. Diese Mischung aus Hingabe und Distanz spiegelt sich in den frühen wie späten Aussagen zum Krieg, ebenso auch in den Zeichnungen, Radierungen und Gemälden zu diesem Thema wider. Darüber hinaus entspricht sie seiner Lebens- und Wahrnehmungshaltung während aller Schaffensperioden. Notizen des Tagebuchs, wie »Leichen sind unpersönlich« oder »auch den Krieg muß man als eine Naturerscheinung betrachten«, finden ihre Fortsetzung im 1963 mit Freunden geführten Gespräch über Kunst, Religion und Krieg: »Also das sind alles Phänomene, die mußte ich unbedingt erleben. Ich mußte auch erleben, wie neben mir einer plötzlich umfällt und, und weg, und die Kugel trifft ihn mitten. Das mußte ich alles ganz genau erleben. Das wollte ich. Also bin ich doch gar kein Pazifist. Oder vielleicht bin ich ein neugieriger Mensch gewesen. Ich mußte das alles selber sehen. Ich bin so ein Realist, wissen Sie, daß ich alles mit eigenen Augen sehen muß, um das zu bestätigen, daß es so ist.« Und an anderer Stelle, 1961, meinte er in einem Interview: »Der Krieg ist eben etwas so Viehmäßiges: Hunger, Läuse, Schlamm, diese wahnsinnigen Geräusche. Ist eben alles anders. Sehen Sie, ich habe vor den frühen Bildern das Gefühl gehabt, eine Seite der Wirklichkeit sei noch gar nicht dargestellt: das Häßliche. Der Krieg war eine scheußliche Sache, aber trotzdem etwas Gewaltiges. Das durfte ich in keinem Fall versäumen! Man muß den Menschen in diesem entfesselten Zustand gesehen haben, um etwas über den Menschen zu wissen.« Erneut klingt in solchen Sätzen die frühe Einsicht des jungen Dix an: der Krieg als Naturgewalt, ausgelöst durch das Moment menschlicher Aggression. Begriff Dix in den vor dem Krieg geschaffenen Arbeiten bereits Kampf, Leiden und Tod als schicksalhafte Naturereignisse, so verdichtet sich in den Jahren 1915/16 in den Skizzen, Tuschpinsel- und Federzeichnungen wie auch den Gemälden diese Anschauung in der Darstellung von bedingungsloser Zerstörung. Der Schwerpunkt der höchst angespannten Wahrnehmung liegt dabei auf der Beobachtung und Wiedergabe der Gesamtheit der Kampfaktionen, weniger auf der von Einzelheiten oder dem Ausmaß und den Entstehungsursachen der Deformationen. Eine große Zahl von Zeichnungen jener Jahre bestätigt die Faszination von Dix an der Verwandlung der Erde in ihrer organisch-plastischen Vielfalt durch das Instrumentarium des Krieges in ihre tausendfach aufgeplatzten und zerfetzten Eingeweide. Blätter wie *Zerstörte Gehöfte* (1915), *Zerschossenes Dorf* (1915) oder *Kampfgraben mit Blumen* (1915), aber auch die Gouachen *Leuchtkugel* (siehe S. 20) und *Abendsonne (Ypern)* (siehe S. 37), setzen sich aus eckigen Strichen und kubischen Strichbalken zusammen; eine durch die abgerissene Linienführung in Zeichnung und Farbe umgesetzte Wiedergabe von Zerstückelung. Die Konturen sind nie scharf begrenzt, sondern von Schraffuren überlagert beziehungsweise eingefaßt, die weniger Plastizität, wohl aber Hell-Dunkel-Werte und Räumlichkeit erzeugen. Die Gewaltsamkeit aller Übergriffe, sei es durch Granateinschläge, durch detonierende Bomben, Nachtangriffe, Überfälle, wird direkt durch die Zeichentechnik der selbst wie in Explosionen zerrissenen Striche, Linien, Zacken und Kanten vermittelt. Die Figuren der in die Kämpfe verwickelten Menschen sind ebenfalls eingebunden in

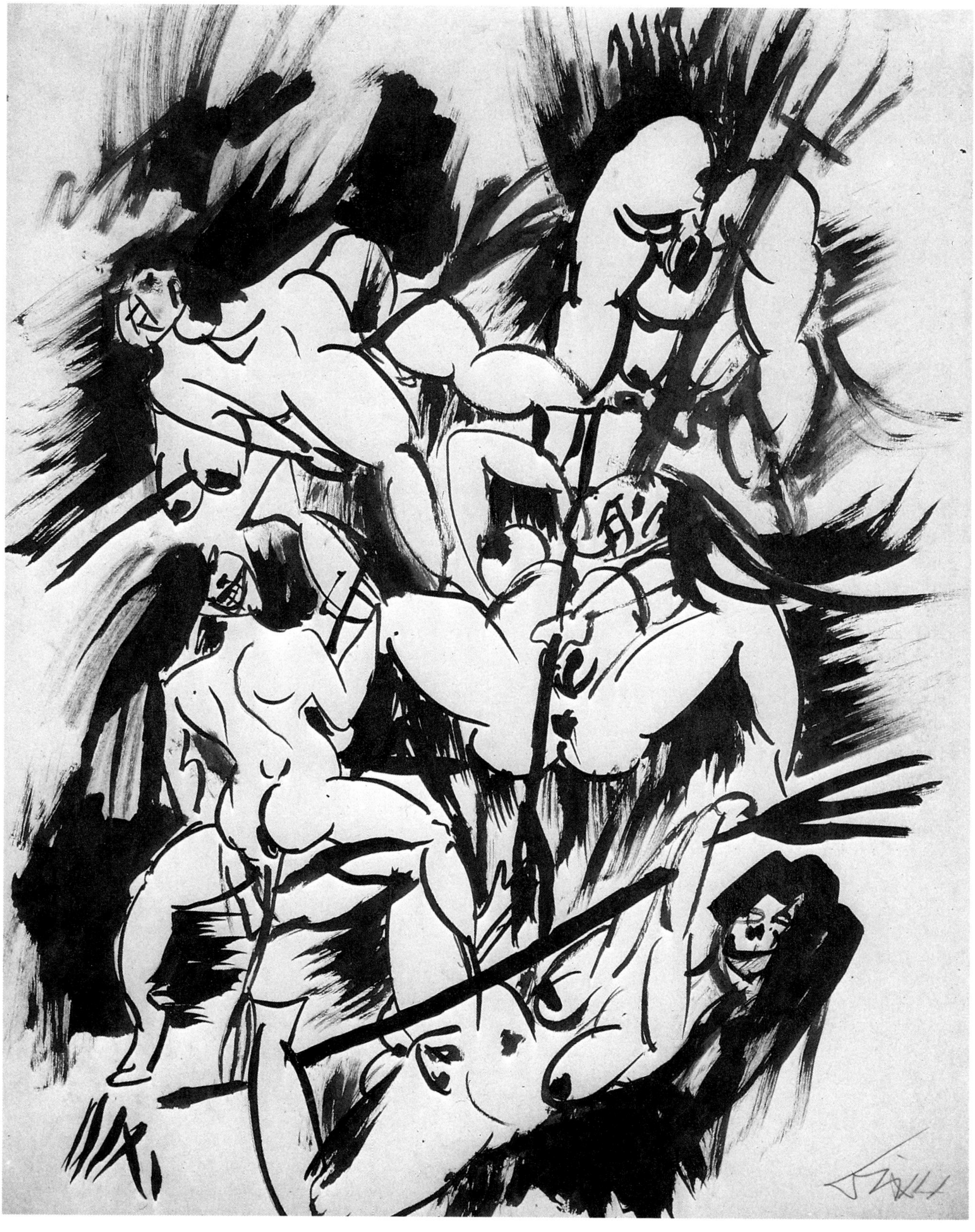

Walpurgisnacht, 1914. Feder, Pinsel, Tusche, 43,5 × 35 cm
Städtische Galerie Albstadt. Stiftung Walther Groz

geometrisierte Liniengeflechte, die sie zu einem Teil der detonierenden, aufgerissenen Natur machen. Die Behausungen des Krieges, die in die Erde eingelagerten Unterstände, die Stollen wie auch die zur Verschanzung geschaffenen Grabensysteme, bleiben überwiegend in unterirdischer, nächtlicher Dunkelheit. Die Gegenstandsstrukturen erhalten so durch gewischte oder schraffierte, in verschiedenen Dunkelwerten nuancierte Kreide-, Tusche- oder Kohleflächen ihre jeweiligen, durch die geringen Lichtwerte bestimmten Akzente. Trümmer, Ruinen, explodierende Leuchtkugeln, Granateinschläge wie auch das vorwiegend nächtliche, unterirdische Dasein bieten dem Blick ausschließlich Zergliederungen, Aufspaltungen und von extremer, chaotischer Geschwindigkeit bestimmte Vorgänge. Dix machte sie durch eine analoge, formale Technik der Zergliederung und Dynamisierung von Linien sichtbar. Die Abstraktion der Zeichnungen und Gouachen erklärt sich aus der Eigenart dieser Anschauung, die den Krieg als das Erleben von ständiger Auflösung organischer und körperlicher Einheit dokumentiert. Dix liefert hiermit eine Anatomie des Krieges als einer Kette von Zerstörungsakten, die innerhalb der jeweiligen dynamischen Prozesse tatsächlich nur abstrakt, da in der ursprünglichen Ganzheit nicht mehr faßbar, wahrgenommen werden können.

Zu ganz ähnlichen formalen Mitteln waren um 1910 bereits Boccioni und die Futuristen gelangt, als sie eine bildnerische Umsetzung für ihre selektierende Wahrnehmung der großstädtisch-technischen Neuerungen suchten. Anstoß ihrer ästhetischen Experimente und theoretischen Einsichten war ihre Sicht der Dynamisierung von Leben und Umwelt durch Technik und Industrialisierung. Anknüpfend an die Strömungen des französischen Divisionismus, an Jugendstil und Symbolismus, entwickelten sie die Linie zum eigenwertigen Strukturelement des bildnerischen Aufbaus weiter. Die Linie wird für sie der wichtigste formale Gestaltträger von abstrakten Inhalten wie Spannung und Bewegung, rhythmischen Energieströmen und seelischen Stimmungen. Die Gegenstände werden diesen Darstellungsanliegen gemäß jeweils in Kraftfelder und dynamische Strukturen zerlegt. In den Jahren bis zum Ausbruch des Ersten Weltkriegs verbreiteten sich die Ideen eines »universellen Dynamismus« der Futuristen international unter den herrschenden Kunstrichtungen des Expressionismus und Sezessionismus. Gedanklich gestützt von Nietzsches allenthalben heftig diskutierten Schriften mit ihrer Verteidigung »eines zum äußersten gesteigerten Lebenswillens jenseits von Gut und Böse«, wird die Linie als Energie und Kraft zum künstlerischen Grundprinzip vieler Künstler und Architekten wie zum Beispiel Henry van de Veldes. Auch innerhalb dieses Rahmens müssen die linear bestimmten Werke von Dix vor und während des Krieges gesehen werden. Die Eigenart der Auseinandersetzung von Dix mit Krieg, Tod, Destruktion ist nur noch mit der des jungen, 1895 geborenen Ernst Jünger vergleichbar. Dessen literarisches Werk bestimmt ein ebenfalls um die menschlichen Grundantriebe kreisendes, in Mythen wurzelndes Denken. Von Anfang an thematisierte Jünger in seinen Schriften die Polaritäten von »Triebnatur« und »Triebgrund« des Menschen und der fortgeschrittenen Zivilisation mit ihren mißlungenen Zähmungsversuchen dieses »Tierischen« im Menschen. Wie Dix war Jünger ein Augenmensch, für den »Schauen ein höchster und wildester Bewegungsprozeß« war und der seine Beobachtungen in eine anschaulich-bildhafte Sprache zusammenfaßte. Wie Dix besaß er neben seiner Neugier und kritischen Anteilnahme an den Ereignissen seiner Zeit auch jene Sinnenhaftigkeit und Vitalität, die ihn jenseits der historischen Faktizität nach dem »Wilden und Ursprünglichen« suchen ließ. Die Tagebuchaufzeichnungen Jüngers besitzen eine ähnlich scharfe Wahrnehmung der Dynamik der Kampfaktionen wie auch der atmosphärischen Wirkung der Kriegsschauplätze und der Skala der Gemütsverfassung der Soldaten. Auch er berichtet von den Ereignissen in einer unpathetischen Form. Mit seiner Leidenschaft für Aktion und Bewegung zerlegt er die Vorgänge analytisch. Zugleich flicht er Detailbeschreibungen von Verwundungen, Verstümmelungen, zerschossenen Orten und Landschaften ein, die bei Dix in ähnlicher Komplexität erst im Radierzyklus von 1924 thematisiert werden. Anders als Dix heroisierte Jünger jedoch stärker Abenteuer und Kampf. »Wie und weil das Leben durchaus kriegerisch ist, so ist es auch von Grund auf bewegt.« Der Kampf schien das einzige noch verbleibende Reservat der Befriedigung des Wilden und Ursprünglichen der menschlichen Natur zu bieten. Gekoppelt war diese Haltung an eine Moral der Führung und Bewährung im Kampf, gerade angesichts von Niederlagen, die Jünger den Krieg als »Lehrmeister« begreifen

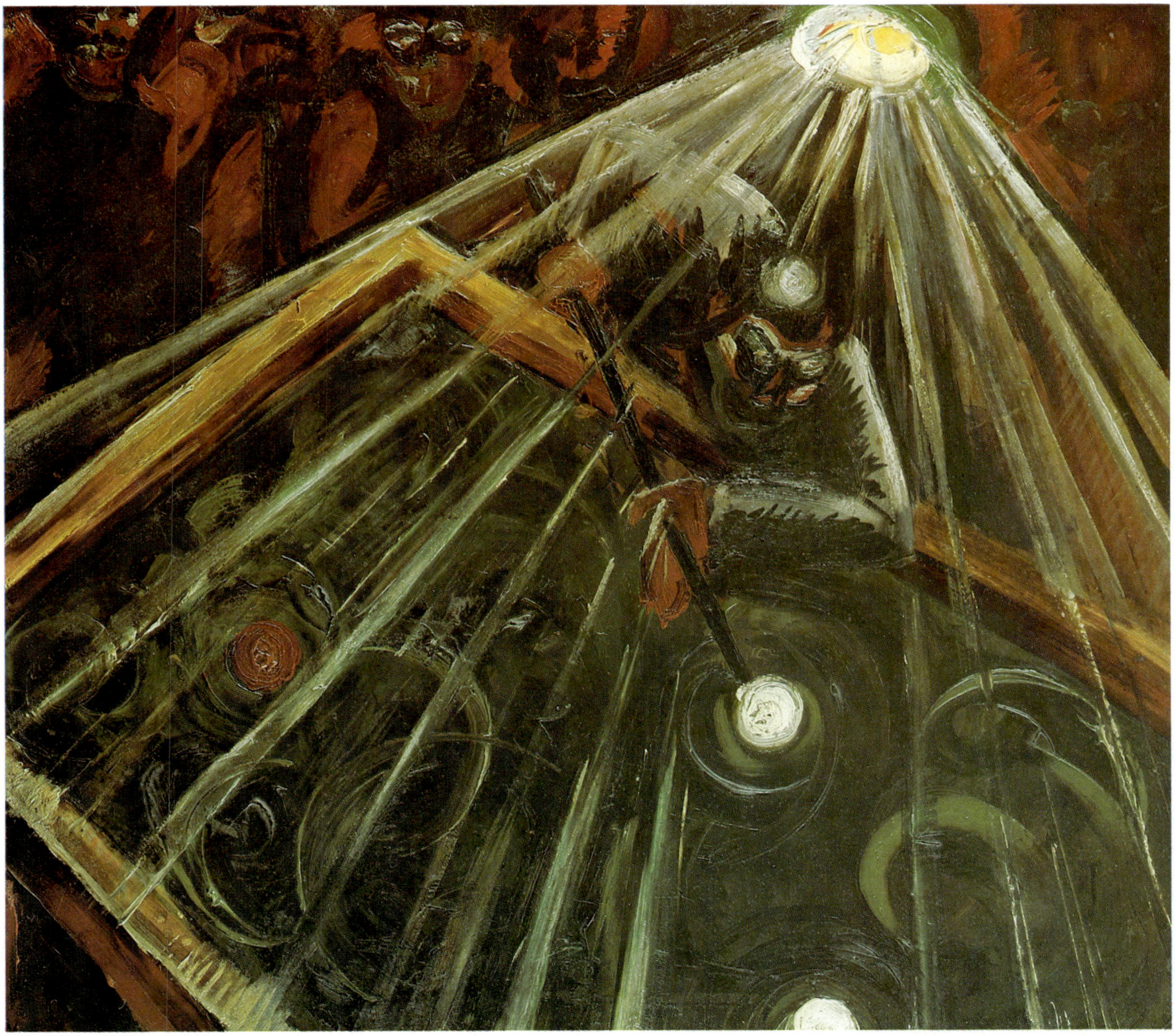

Billardspieler, 1914. Öl auf Pappe, 51 × 56,5 cm
Privatbesitz

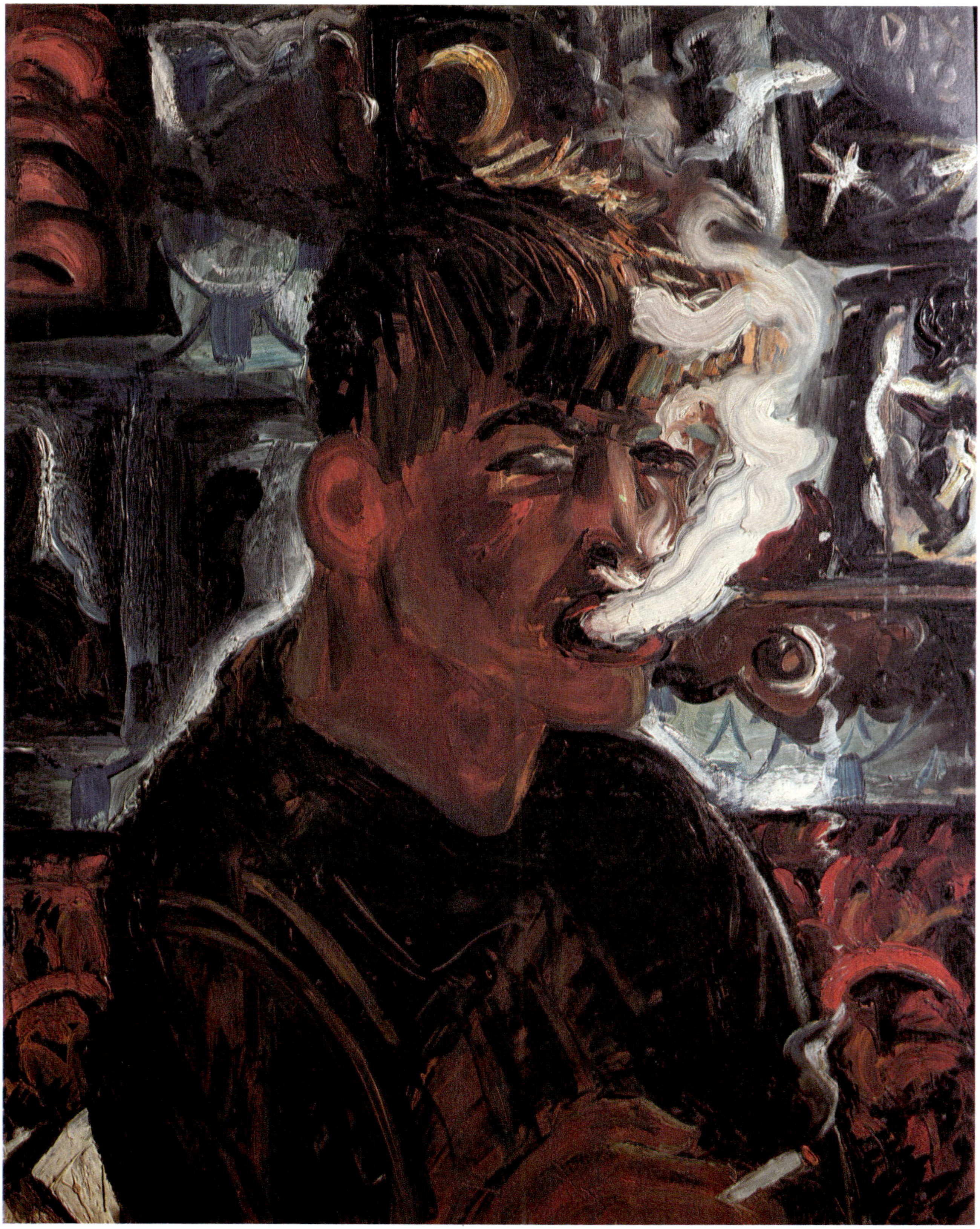
DIX

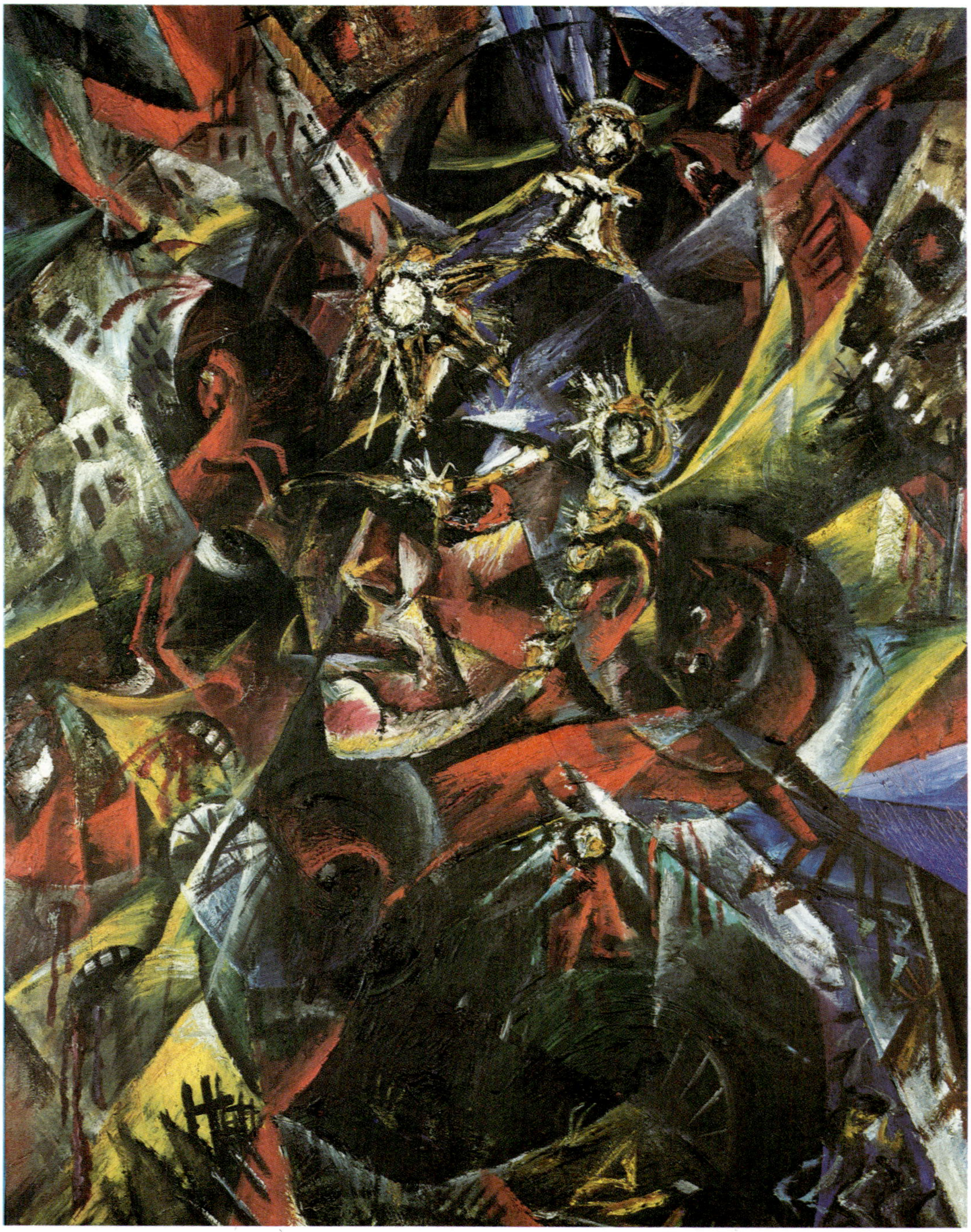

◁
Selbstbildnis als Raucher, 1913
Öl auf Pappe, 70,5 × 56 cm
Privatbesitz

Selbst als Mars, 1915
Öl auf Leinwand, 81 × 66 cm
Museum Haus der Heimat, Freital

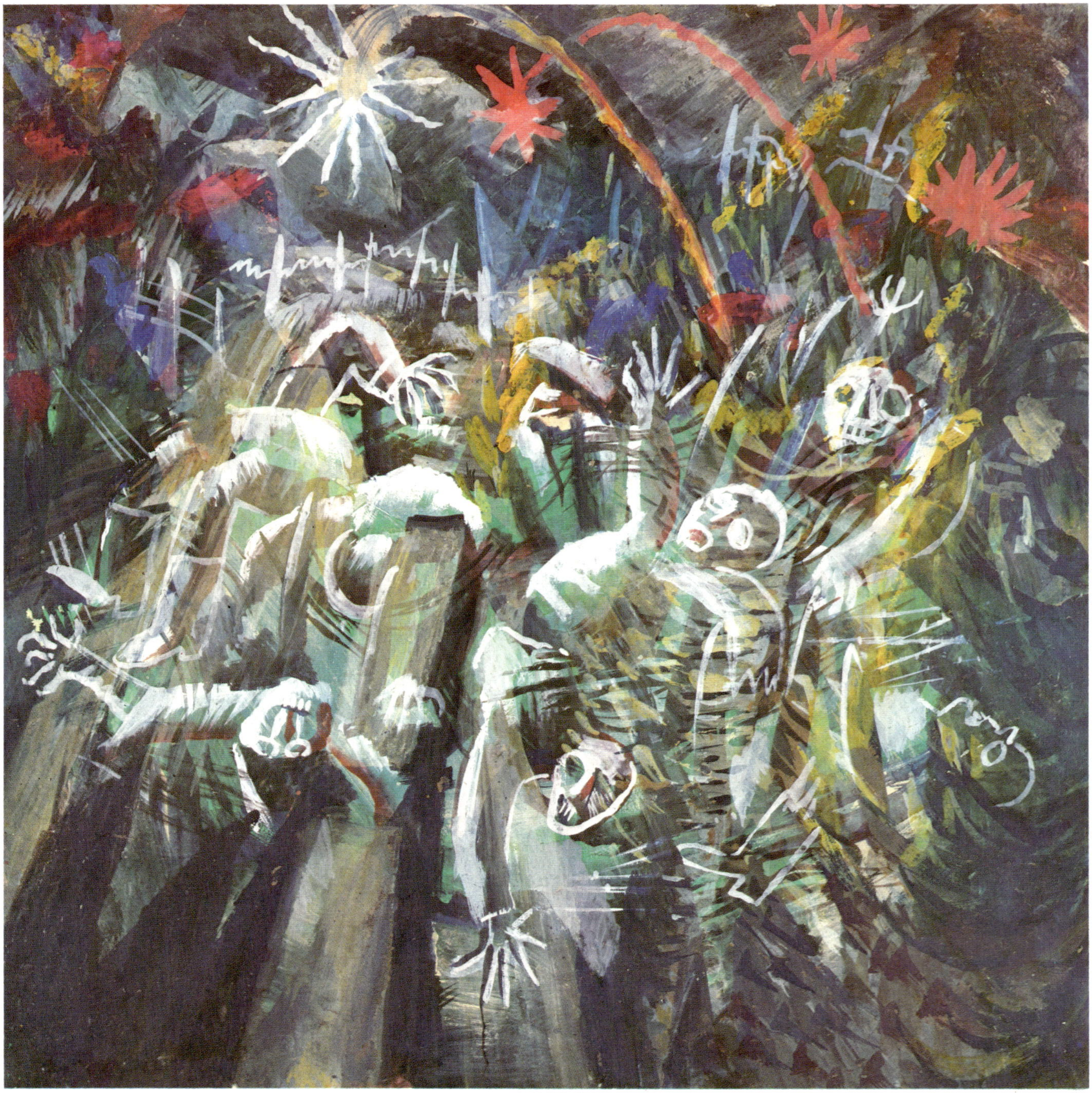

Leuchtkugel, 1917. Gouache, 40,8 × 39,4 cm
Städtische Galerie Albstadt. Stiftung Walther Groz

ließen. Dix dagegen dachte oder handelte nie von moralischen oder wertenden Prämissen aus. Ebensowenig zog er moralische Schlußfolgerungen. Ihm ging es ausschließlich darum, jene durch die gesellschaftlich-kulturelle Entwicklung vielfach veränderte spannungsvolle Ursprünglichkeit menschlicher Natur zu erforschen.

Der 1924 entstandene Radierzyklus *Der Krieg* ergänzt die Zeichnungen durch eine zusätzliche Dimension. Wenn man Dix fragte, in welcher Absicht er diesen Radierzyklus oder auch das zwischen 1920 und 1923 entstandene, 1939 angeblich verbrannte Gemälde *Der Schützengraben* und das berühmte Triptychon *Der Krieg* (siehe S. 30-31) geschaffen habe, äußerte er unwirsch-direkt: »Loshaben wollte ich's!« An anderer Stelle offenbart sich stärker die Betroffenheit und seelische Belastung durch die Kriegsjahre: »Nun ist es so — man merkt ja nicht, als junger Mensch merkt man das ja gar nicht, daß man im Innern doch belastet war. Denn ich hab' jahrelang, mindestens zehn Jahre lang immer diese Träume gehabt, in denen ich durch zertrümmerte Häuser kriechen mußte, (ernst), durch Gänge, durch die ich kaum durchkam. Die Trümmer waren fortwährend in meinen Träumen. Nicht daß das Malen für mich Befreiung gewesen wäre!« Mit äußerster Konzentration hält Dix die Etappen des Krieges und seiner Ergebnisse fest, nun in der Verdichtung plastisch-körperlicher Darstellung. Die erinnerte Realität kann erst jetzt, aus einem gewissen Abstand, in allen Einzelheiten »gebannt« und nochmals vergegenwärtigt werden. Vor allem die Schärfe und Präzision in der Wiedergabe von Details der Zerstörung rufen die Wirkung der Erschütterung und Verstörung auf den Betrachter hervor. Der von Dix bis aufs äußerste strapazierte Blick ist im sehenden Nachvollzug teilweise kaum erträglich. Für das überforderte Fassungsvermögen des Betrachters scheinen deshalb die akribisch nachgezeichneten Greuel des Realen beinahe wieder in Irrealität umzukippen. Die durch Detailgenauigkeit erreichte Intensität der dargestellten Szenen verdeutlicht ebenfalls, daß die Formen der Destruktivität jenseits ihrer »Geschichtlichkeit« auf immer gleichen Strukturen basieren und in gleichen Erscheinungen auftreten. Dieser Sachverhalt macht die Blätter zu allgemeinen Aussagen über Zerstörung, Leiden, Qualen und Sterben. Im Anspruch der Allgemeingültigkeit verbindet sich der Dixsche Zyklus mit dem von Francisco de Goya um 1810 begonnenen und um 1820 erweiterten Radierzyklus *Desastres de la Guerra.* Als Folge von 82 Radierungen wurde er erst nach Goyas Tod, 1863, von der Madrider Akademie veröffentlicht. Goya, dessen Zyklus während des Napoleonischen Krieges entstand, der ein nationaler Befreiungskampf des spanischen Volkes gegen die französischen Invasoren war, versuchte wie Dix, Elend und Leiden jenseits des historischen Kontexts darzustellen. Sinnlosigkeit und Hoffnungslosigkeit dieses Krieges wie jedes Krieges werden bei Goya wie bei Dix schmerzhaft deutlich. Goya konzentriert sich dabei auf die Schilderung der individuellen Schicksale in den Krieg verwickelter Menschen, »die sich zur Wehr setzen und angreifen und zu den Brutalitäten des Krieges fähig sind«, und sieht damit in humanistisch aufgeklärter Tradition als erster Künstler den Krieg als Ergebnis auch menschlicher Triebanlagen.

Dix, der Goyas Blick auf die Individualität der vom Krieg betroffenen Schicksale grundsätzlich teilt, geht in seinen Radierungen noch einen Schritt weiter. Er schildert die Stufen der Aufhebung beziehungsweise der grausamen Vernichtung von Individualität, die ja eng gebunden ist an den Begriff menschlicher Würde. Dix konzentriert sich in der Darstellung nun auf die Ergebnisse des Krieges, die als Zustände der verheerten Körperlichkeit wie auch der verwüsteten Natur und Zivilisation in Erscheinung treten. Hierdurch unterscheiden sich die Radierungen von den während des Krieges entstandenen Arbeiten, die die Dynamik der Zerstörung, nicht deren Ergebnis festhielten. Die Technik der Radierung, in der Dix seit 1920 arbeitete, ermöglichte ihm, die Deformationen der Körper in minuziösen stofflichen und plastischen Nuancen darzustellen. Es war für Dix wesentlich, nach den jeweils angemessenen technischen Mitteln für seine bildnerischen Absichten zu suchen: »Nachdem ich bei Herberholz alle möglichen Techniken ausprobiert hatte, war ich auf einmal von der Radiertechnik gepackt. Ich hatte viel zu erzählen, ich hatte ein Thema. Säure abwaschen, Aquatinta drauf, kurz, wunderbare Technik, mit der man die Stufungen ganz nach Belieben arbeiten kann. Die Mache wird mit einem Mal kolossal interessant; wenn man radiert, wird man der reinste Alchimist.« Mit den Möglichkeiten des Verfahrens, so der mehrfachen Ätzung nach Eindeckung durch Asphaltlack, konnte Dix die Stufen der Zerstörung, wahrgenommen als Zustände verstümmelter Körperlichkeit, gewissermaßen mittels der Technik der Radierung erneut nachvollziehen. Er führte so gleichsam die Genese von Zerstörung vor als immer gewaltsames Eindringen in organische Materie.

Den größten Teil des Zyklus nehmen Darstellungen verletzter Körper und bereits im Verwesungsprozeß befindlicher, toter, grausam deformierter Körper ein. Wie auf vielen anderen Körper- und Aktstudien der Zeit sind Gesicht und Hände betont herausgearbeitet, einst Ausdruck von Person, nun Ausdruck von deren Verlust durch tragische Willkür. Das Gesicht des *Sterbenden Soldaten* (siehe S. 25), ebenso wie seine Hand, ist durch faustgroße schwarze, an den Rändern geätzte Säurelöcher verunstaltet. Die Verwesungsprozesse der *Leiche im Drahtverhau* oder des *Toten im Schlamm* sind durch verschiedene Stufungen des Säure-Ätzverfahrens in den Stadien der Zersetzung von Schädel- und Armknochen festgehalten.

Wesentlich ist auch die Technik des Strichs auf vielen der Radierungen, die von feinster Schraffierung und gleichmäßiger Strichverteilung bis zur knappen Konturierung der geschundenen Körper durch locker gesetzte Strichelung reichen kann. Anknüpfend an die formalen Experimente der Zeichnungen von 1915/16 ist *Totentanz Anno 17* (*Höhe Toter Mann*) (siehe S. 32) eine virtuose Komposition von Hell-Dunkel-Tonalitäten. Die toten Körperbündel und -glieder der Soldaten tauchen, aus starker Luftperspektive gesehen, erhellt von flackerndem Licht, das ihre hilflosen Körper entblößt, aus dem nächtlichen Dunkel auf. Die Gliedmaßen sind so verrenkt, daß tatsächlich eine eigene ästhetische Dimension entsteht, die sich aus der Verfremdungswirkung der extremen Verstümmelung ergibt. Dix erfaßte sie im Titel *Tanz*. Wieder wird die Kluft zwischen dem Akt der Vernichtung, der ohne Reflexion stattfindet, und dem realen Ergebnis der Zerstörung sichtbar. Diese Kluft kann das Bewußtsein nicht überbrücken, es glaubt sich zwei getrennten Realitäten gegenüber. Dix wollte mit seinen Kriegsdarstellungen nicht anklagen, mahnen oder betroffen machen, sondern eigenes Betroffensein loswerden.

Befragt zum Kriegstriptychon, das er zwischen 1929 und 1932 in Dresden ausführte, bemerkte Dix 1964:

> Das Bild entstand zehn Jahre nach dem Ersten Weltkrieg. Ich hatte während dieser Jahre viele Studien gemacht, um das Kriegserlebnis künstlerisch zu verarbeiten. 1928 fühlte ich mich reif, das große Thema anzupacken, dessen Gestaltung mich mehrere Jahre beschäftigt hat. In dieser Zeit übrigens propagierten viele Bücher unbehindert in der Weimarer Republik erneut ein Heldentum und einen Heldenbegriff, die in den Schützengräben des Ersten Weltkriegs längst ad absurdum geführt worden waren. Die Menschen begannen schon zu vergessen, was für entsetzliches Leid der Krieg gebracht hatte. Aus dieser Situation heraus entstand das Triptychon.

Ein Jahr nach der Fertigstellung des Gemäldes wurde Hitler am 30. Januar 1933 vom Reichspräsidenten Hindenburg zum Kanzler ernannt. Dix, der seit 1927 eine Professur an der Dresdner Akademie innehatte, wurde fristlos entlassen und erhielt Ausstellungsverbot. Bereits seit 1928 hatten sich die Anzeichen für ein absehbares Scheitern der Weimarer Republik gemehrt. Die Arbeitslosenzahlen waren deutlich angestiegen, und seit 1929 konnte die NSDAP einen rapiden Zuwachs ihrer Partei verbuchen. Wie eine Vorahnung der kommenden Ereignisse und seiner persönlichen künstlerischen Ausschaltung wirkt deshalb Otto Dix' gewaltige Anstrengung, das Thema des Krieges gerade in jenen Jahren nochmals in einer so monumentalen Form zu bewältigen. Nur einmal wurde das Kriegstriptychon 1932 in Berlin auf der Herbstausstellung der Preußischen

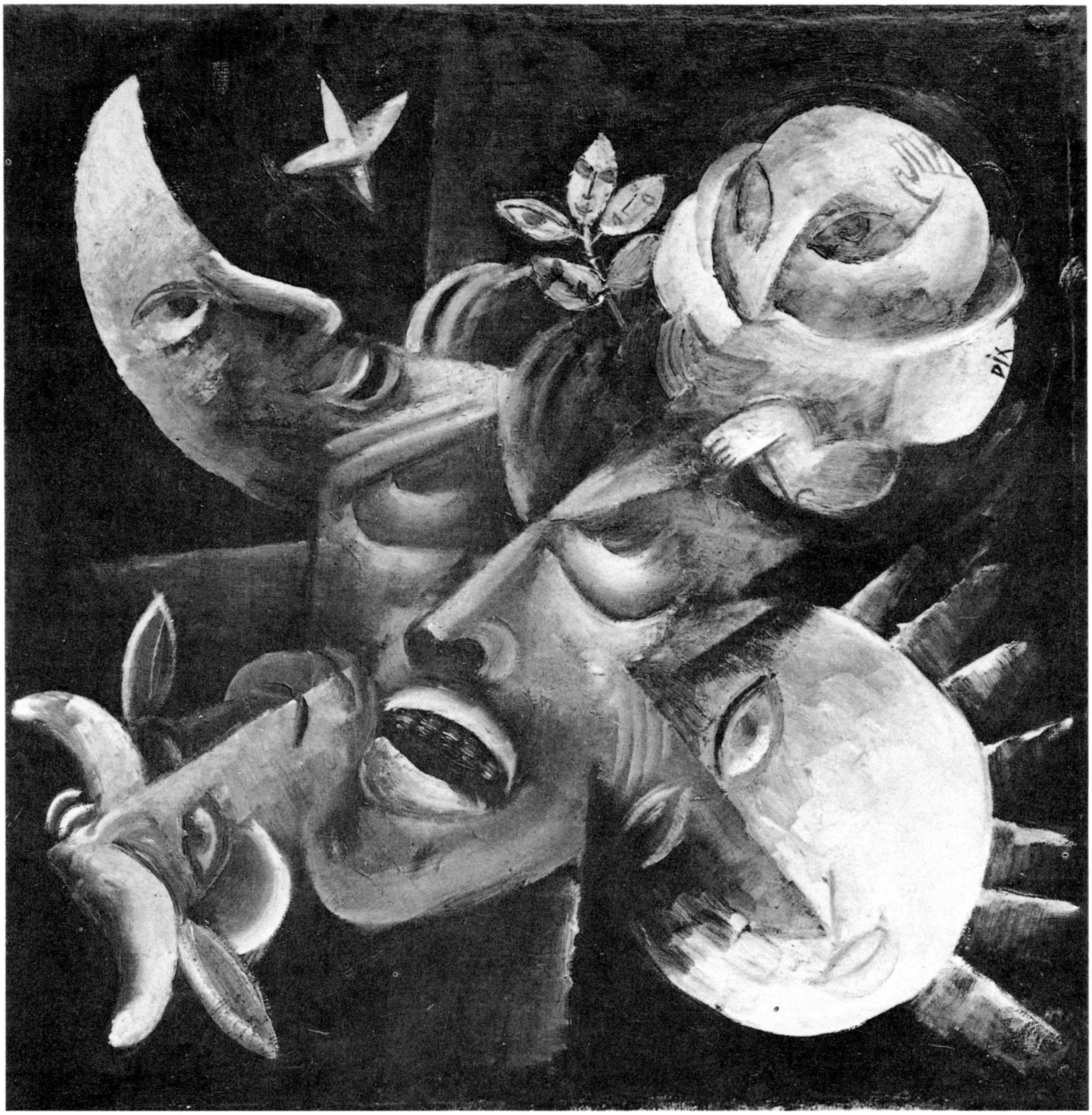

Sehnsucht (Selbstbildnis), 1918. Öl auf Leinwand (hier in Schwarzweiß), 53,5 × 52 cm
Staatliche Kunstsammlungen, Neue Meister, Dresden

Akademie gezeigt. Anschließend mußte es, in Kisten verstaut, vor den Nationalsozialisten in Sicherheit gebracht werden.

Die von Dix gewählte Form des mittelalterlichen Altarbildes für sein Kriegstriptychon war wohlbedacht. Eine zeitgenössische »Version« menschlicher Martern analog zu den sakralen Kreuzigungsbildern sollte entstehen. Indirekt wurde der Isenheimer Altar des Mathis Gothart Nithart, genannt Grünewald, zum Vorbild für den Aufbau des Gemäldes. Sein Inhalt entstammt jedoch ganz und gar der Dixschen Wahrnehmung. Einbezogen in die Abfolge des Geschehens sind die Tageszeiten Morgen, Mittag und Nacht. Nachvollzogen wird somit ein »Kreislauf« der Hölle. Auf dem linken Flügel marschiert die Kolonne der Soldaten im Frühnebel in die Schlacht. Diese »entfaltet« sich in ihren grausigen Auswüchsen auf der hölzernen Mitteltafel. Als einziger Überlebender hockt ein Soldat mit Gasmaske unter dem Trümmerbogen einer ehemaligen Brücke, auf den eine Leiche aufgespießt ist. Im Hintergrund dehnt sich eine apokalyptische Graben- und Kraterlandschaft aus, in der Anlage der des Mittelteils des Isenheimer Altars vergleichbar. Die endgültige Fassung des rechten Flügels (mehrere Entwürfe gingen ihr voraus) zeigt Dix selbst, der dem Inferno entronnen ist und gleichzeitig noch einen verwundeten Kameraden retten kann. Auf der Predella, dem Tafel-»Untersatz«, beruhigt sich die Dramatik der Geschehniskette schließlich im Abbild des totenähnlichen Schlafs der Soldaten. Unmöglich, diesem zur Vision der »letzten Tage der Menschheit« gewordenen Werk auf dem beschränkten zur Verfügung stehenden Raum gerecht zu werden. Zahlreiche Deutungen des Gemäldes wurden versucht. Man würde es nicht hinreichend erfassen, wenn man es nicht auch in der Großartigkeit seiner technischen Ausführung sähe. Notwendig für seine Entstehung waren neben mehreren Entwürfen in Blei und Rötel und einer Aquarell-Fassung der Komposition vor allem die Kartons, Vorzeichnungen in den maßstabgetreuen Verhältnissen des fertigen Bildes. Die Anwendung der mühsamen Schichtentechnik der transparent übereinander aufgetragenen Lasuren entspricht dem analytischen Charakter des Gemäldes.

Die erste künstlerische Reaktion auf die Zeitverhältnisse unmittelbar nach dem Krieg war der Dadaismus: schrill, autoritätsverachtend, anarchistisch, ein nihilistischer, spielerisch kalkulierter Affront gegen alles und jeden. Auch gegen jene Kunstströmung, die sich selbst vor 1914 als revolutionär gesehen hatte, den Expressionismus: »Haben die Expressionisten die Erwartungen auf eine Kunst erfüllt, die uns die Essenz des Lebens ins Fleisch brennt? NEIN, NEIN, NEIN!« hieß es im dadaistischen Manifest von 1918. »Man ist der farbtunkenden Bauernschwänger Gauguins und Van Goghs satt. Genug der dionysischen Anstreicher...«, begann 1922 ein Pamphlet Carl Einsteins, eines der originellsten Kunstkritiker jener Jahre, das sich insbesondere mit Otto Dix beschäftigte.

Der »Zeitgeist« rief den politisch engagierten, gesellschaftskritischen Künstler in die Arena, und viele folgten der Aufforderung aktiver Mitgestaltung demokratischer Verhältnisse. 1919 gründete Walter Gropius bereits das Bauhaus, der Arbeitsrat für Kunst und die Novembergruppe veröffentlichten ihre utopisch-revolutionären Manifeste.

Das zentrale Schlagwort wurde und blieb jedoch »Sachlichkeit«, ein Begriff, der Anfang der zwanziger Jahre auf wissenschaftlichem, kulturellem und politischem Gebiet als »unbestrittener Normbegriff« verwendet wurde, der also eine bestimmte ethische Haltung zu den Ereignissen bedeutete. Die Dehnbarkeit des Begriffs erscheint verblüffend, reicht sie doch von Synonymen wie »Zwecklichkeit« oder »Objektivität« bis zur Umschreibung einer neuen »Innerlichkeit«: »Sachlichkeit, seelisch-geistige Tendenz, Handlungen nicht um des persönlichen Vorteils willen, sondern im Dienste einer höheren Ordnung zu vollziehen.« In der Kunstkritik wurde der Begriff zum erstenmal 1925 von G.F. Hartlaub, dem Direktor der Mannheimer Kunsthalle, gebraucht. Er fand ihn anläßlich einer von ihm veranstalteten Kunstausstellung für »diejenigen Künstler, die der positiven, greifbaren Wirklichkeit mit einem bekennerischen Zug treu geblieben oder wieder treu geworden sind...« Hartlaub unterschied dabei zwischen einem »rechten Flügel (Neu-Klassizisten,

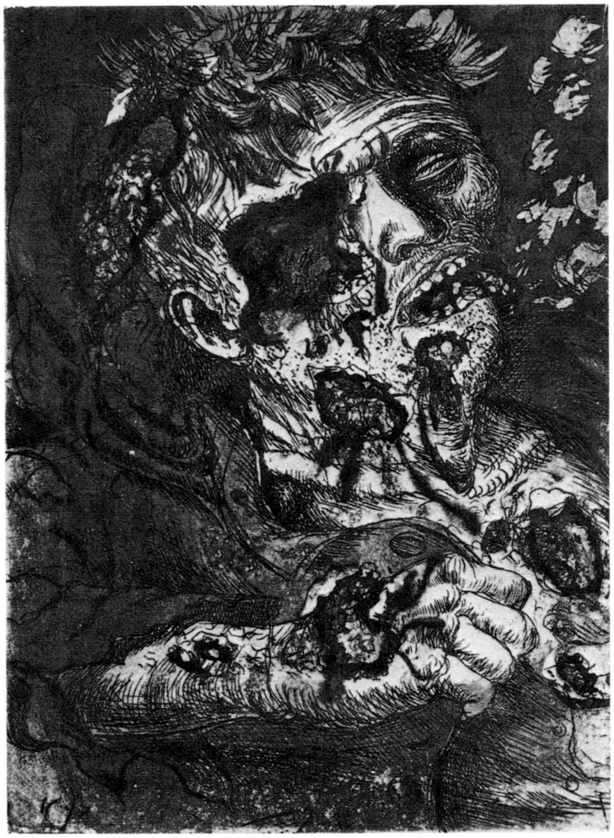

Sterbender Soldat, 1924
Radierung aus »Der Krieg«, Mappe III, N. 121
19,8 × 14,8 cm

wenn man so sagen will)... und einem linken, veristischen Flügel, dem ein Beckmann, Grosz, Dix, Drexel, Scholz etc. zugezählt werden können«.

Die Künstler begrüßten die Neue Sachlichkeit als eine Phase der Entzauberung, als Reaktion gegen »Verstiegenheit und Chaos« des Expressionismus. Es ging um die Wiedergeburt des Objekts für die Kunst, des authentischen Gegenstands, der Sache, die nüchtern und gestochen scharf, klar konturiert, ins Bild gesetzt werden sollte. Die Themen dieser Malerei der Sachlichkeit waren Großstadtleben, Krieg, Prostitution, Spießbürgertum, die Darstellung der Schwächen und Laster der als verlogen-dekadent empfundenen Nachkriegsgesellschaft, daneben Portrait, Stilleben und Landschaft. Während einige der neusachlichen Künstler, allen voran George Grosz, aber auch Rudolf Schlichter oder Georg Scholz ihre Kunst als Mittel revolutionärer gesellschaftlicher Veränderung ansahen und dies auch immer wieder schriftlich kundtaten, hat sich Dix ausdrücklich und bewußt nie politisch geäußert. Im Gegenteil, er verkündete sein Desinteresse an Politik einige Male lakonisch deutlich. 1919 hatte ihn sein Freund, der Maler Conrad Felixmüller, überzeugter Pazifist und Mitglied der

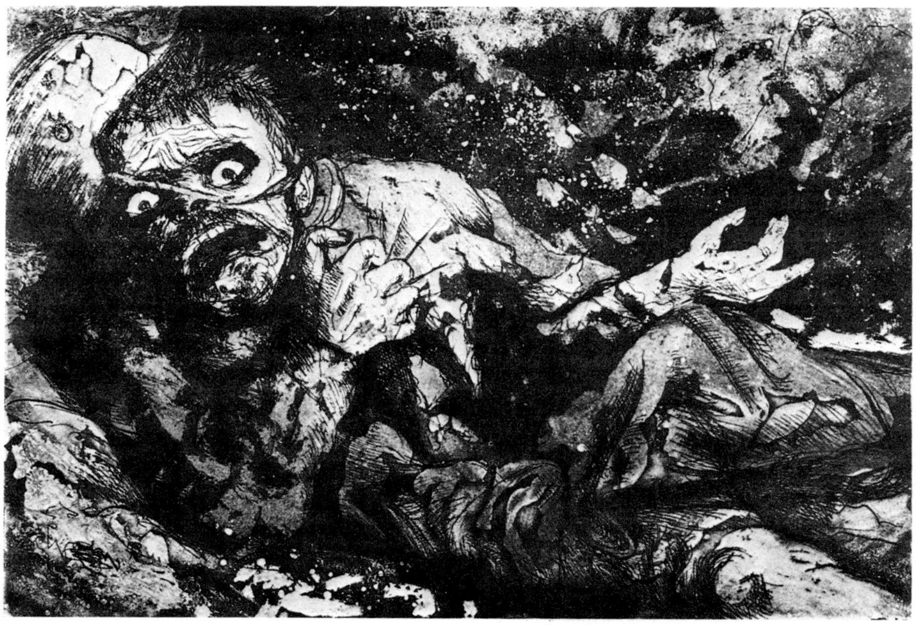

Verwundeter
(Herbst 1916, Bapaume)
1924
Radierung aus
»Der Krieg«, Mappe I, N. 101
19,7 × 29 cm

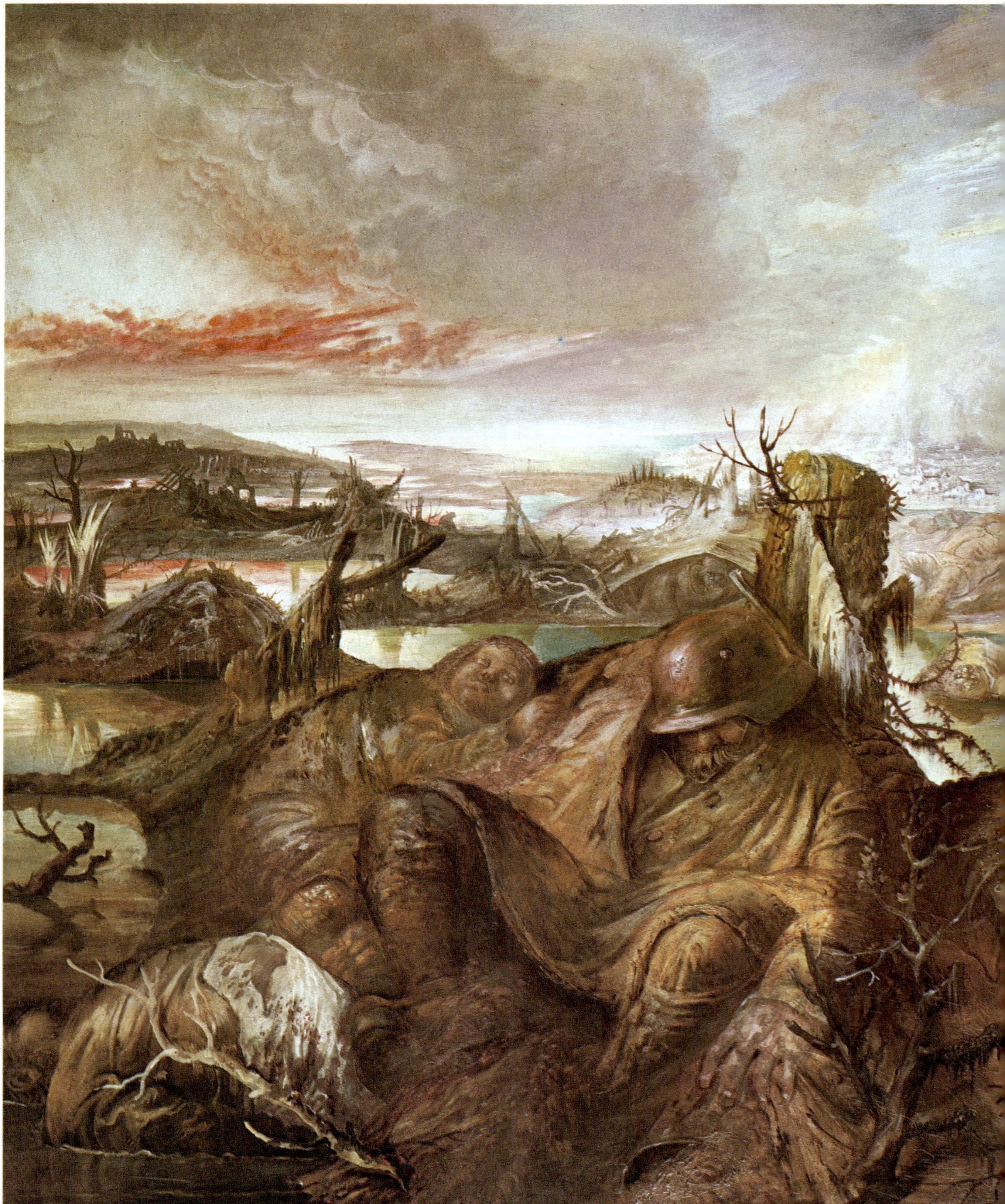

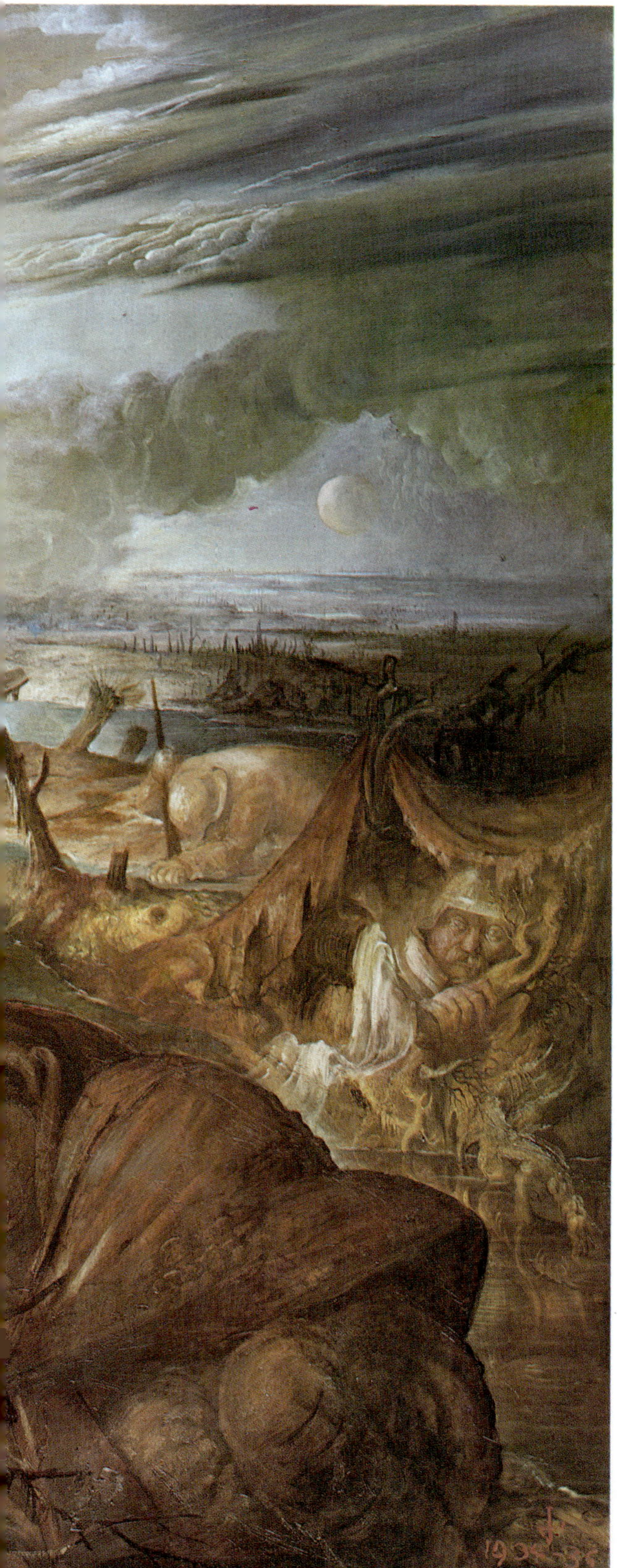

Schlachtfeld in Flandern, 1934-36
Mischtechnik auf Leinwand, 200 × 250 cm
Staatliche Museen
Preußischer Kulturbesitz, Nationalgalerie, Berlin

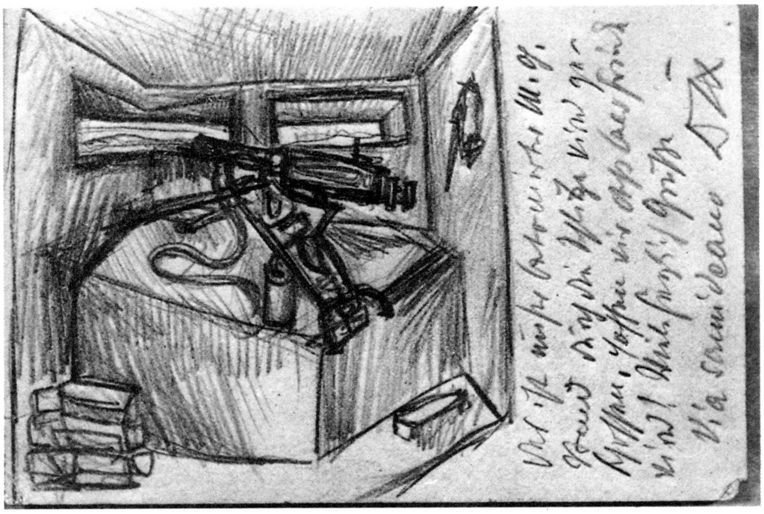

Feldpostkarte: MG Stand, 1916
Bleistift, 9,2 × 9,2 cm
Kunstgalerie Gera

KPD, kurz vor der Gründungsversammlung der Künstlergruppe »Dresdner Sezession« aufgefordert, ebenfalls der KPD beizutreten. Die sarkastische Reaktion von Dix: »...lassen Sie mich mit Ihrer dämlichen Politik in Ruhe, ich gehe lieber in den Puff.« Viel später, 1965, meinte er in einem Interview: »Nein, ich schloß mich keinem politischen Programm an, ertrug wahrscheinlich diese Phrasen nicht. Wenn die nur kamen und uns etwas erzählen wollten, war es schon aus bei mir. Ich wollte mich nicht einspannen lassen.« Die Ablehnung aller Ideologien, politischen Programme, allen vorgefertigten Schubladendenkens machte Dix innerhalb der Künstler der Neuen Sachlichkeit (Grosz, Schlichter, Hubbuch, Wollheim, um nur die wichtigsten zu nennen) zum Außenseiter. Um so mehr befremdet es, daß ihn einige Interpreten bis in jüngste Zeit immer wieder zum »sozialkritischen Ankläger der ausgebeuteten Klasse« abzustempeln versuchten. Möglicherweise führte auch die Herkunft von Dix aus dem Arbeitermilieu ebenso wie sein oft konstatiertes »Proletengebaren« zu derartigen Fehlschlüssen.

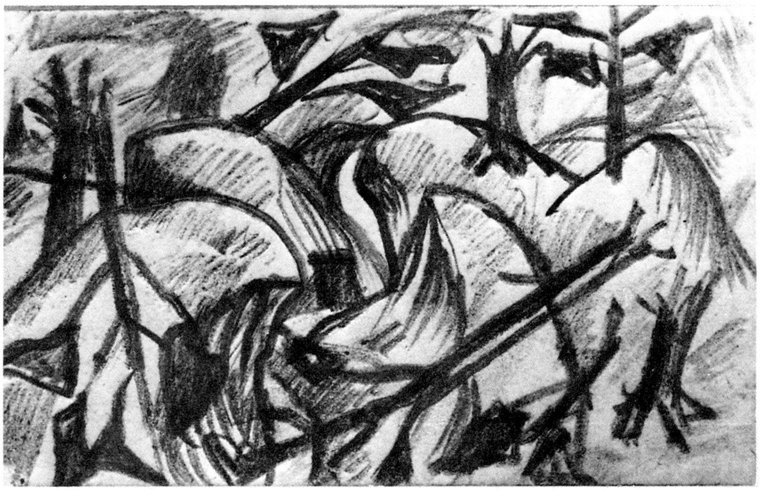

Feldpostkarte: Im Stützpunkt Lagoerde (Rußland), 1917
Kohle auf Karton, 9,1 × 13,6 cm
Kunstgalerie Gera

Die Jahre zwischen 1919 und 1921 verbrachte Dix erneut in Dresden. Als Meisterschüler von Otto Gußmann stand ihm an der staatlichen Akademie der Bildenden Künste auf der Brühlschen Terrasse ein Atelier zur Verfügung. Intensiv kümmerte sich Conrad Felixmüller um ihn. Er gewann Dix für die Künstlervereinigung der Dresdner Sezession »Gruppe 1919«, zu der auch Will Heckrott, Lasar Segall, Otto Schubert, Constantin Mitschke-Collande und Hugo Zehder gehörten. Felixmüller verschaffte Dix erste Kontakte zu Düsseldorfer Mäzenen und zum Kunsthandel und verhalf ihm so allmählich zu einer materiellen Existenzgrundlage. In einer Ausgabe der Düsseldorfer Zeitschrift »Das Ey« beschreibt er 1920 Dix' dadaistische Phase unmittelbar nach dem Krieg. Angeregt unter anderem durch den Berliner Kreis um seinen Freund George Grosz »klebte Dix damals Bilder aus Papier, Glas, Stoff, Holz, Pelz, Spitze, Muscheln, Eisen, Polstern, Stammbüchlein, von naturalisti-

Das Hervorbrechen, 1917
Kreide, 39,3 × 41,3 cm
Städtische Galerie Albstadt
Stiftung Walther Groz

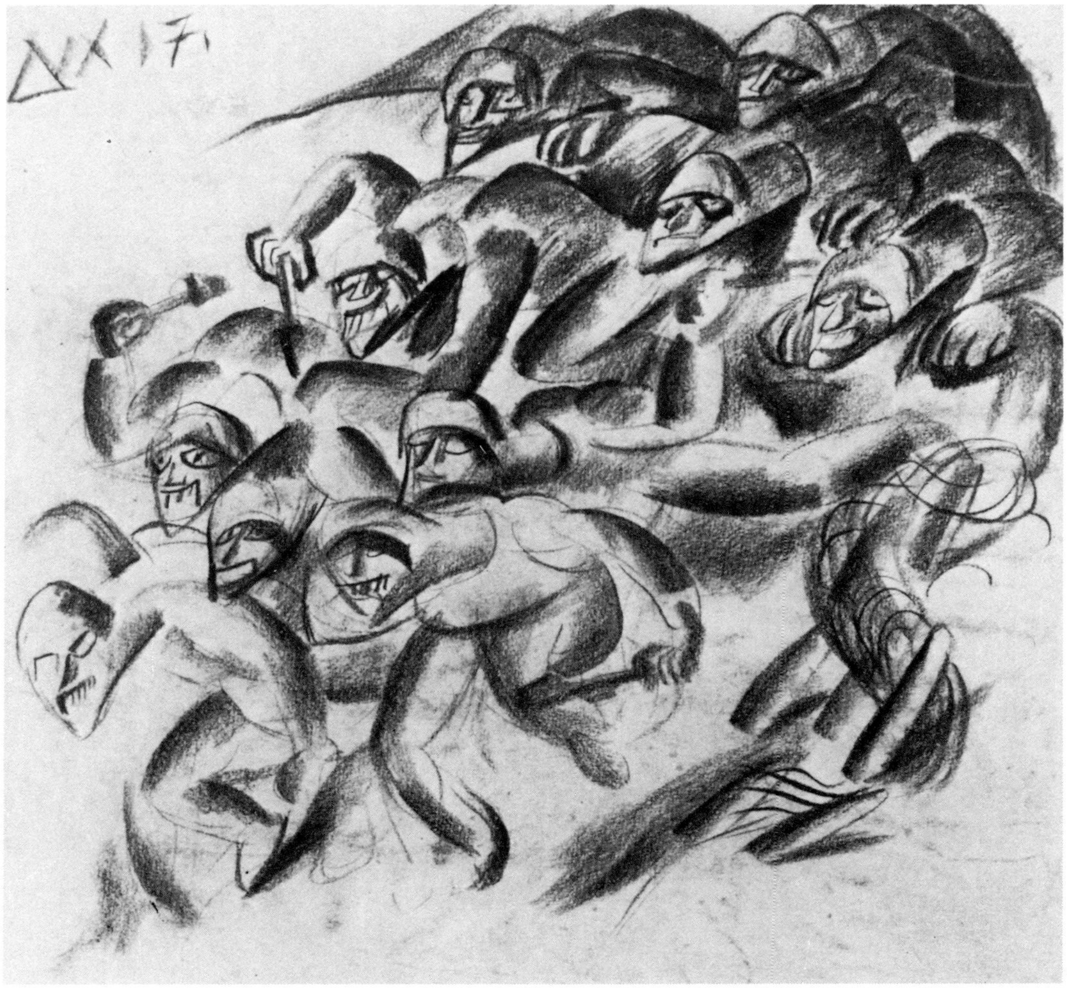

scher Art und höchst gegenständlich«. Es entstehen Werke wie *Matrose Fritz Müller aus Pieschen*, *Streichholzhändler I*, der *Altar für Kavaliere* und *Erinnerung an die Spiegelsäle in Brüssel* (siehe S. 48). Arbeiten wie *Skatspieler* (siehe S. 42) und *Prager Straße* (siehe S. 43) und auch das 1954 am Auslagerungsort zerstörte Gemälde *Die Barrikade*, alle von 1920, inszenieren den Krieg als Posse, als sarkastische Farce. Sie gleichen hohnlachenden »Widmungen« an die Bestie Mensch, die mit ihren bösartigen »Gesellschaftsspielen« erneut die These vom »Menschen als des Menschen Wolf« bestätigt. Welchen bildnerischen Ausdruck als den des Zynismus sollte man auch finden können, wenn man gerade unmittelbar »entkommen« war? Den dadaistischen Zeitgeist, der auf jegliche Werte und Ideale nur verächtlich »spucken« konnte, würzte Dix noch zusätzlich durch seinen grimmigen, grotesken Humor. Die *Skatspieler* und die Krüppel der *Prager Straße*, einer der eleganten Einkaufsstraßen des alten Dresden, sind zu aufziehbaren, wie mechanisch zusammengesetzten Marionetten und Hampelmännern geworden, so zusammengestückelt aus Ersatzteilen und »Rest«-Körperbeständen erscheinen sie. Genial parallelisiert Dix die Prothesengestalten kriegsbeschädigter Männer im Gemälde der *Prager Straße* mit den Gips-Torsi und Büsten hinter ihnen ausgestellter Schaufensterpuppen. Zweimal »Stückwerk«, wenn auch im einen Fall bestürzendes Ergebnis menschlicher Willkür.

In einer Federzeichnung, dem »dadaistischen Selbstbildnis« von 1920, schildert Dix sich selbst in der Stimmung eines verächtlichen Nihilismus' angesichts der Zeitumstände. Verschiedene Zeichen

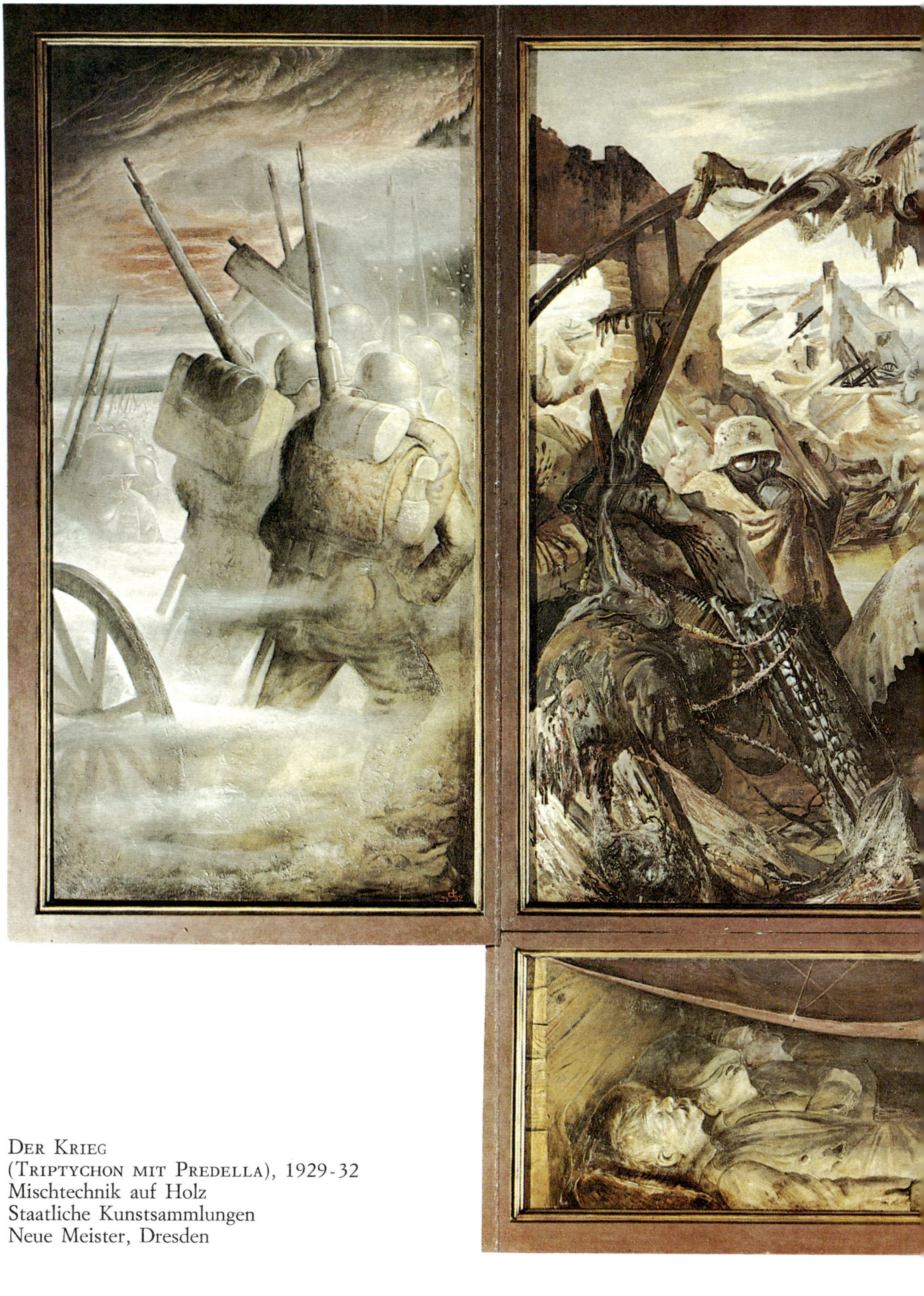

Der Krieg
(Triptychon mit Predella), 1929-32
Mischtechnik auf Holz
Staatliche Kunstsammlungen
Neue Meister, Dresden

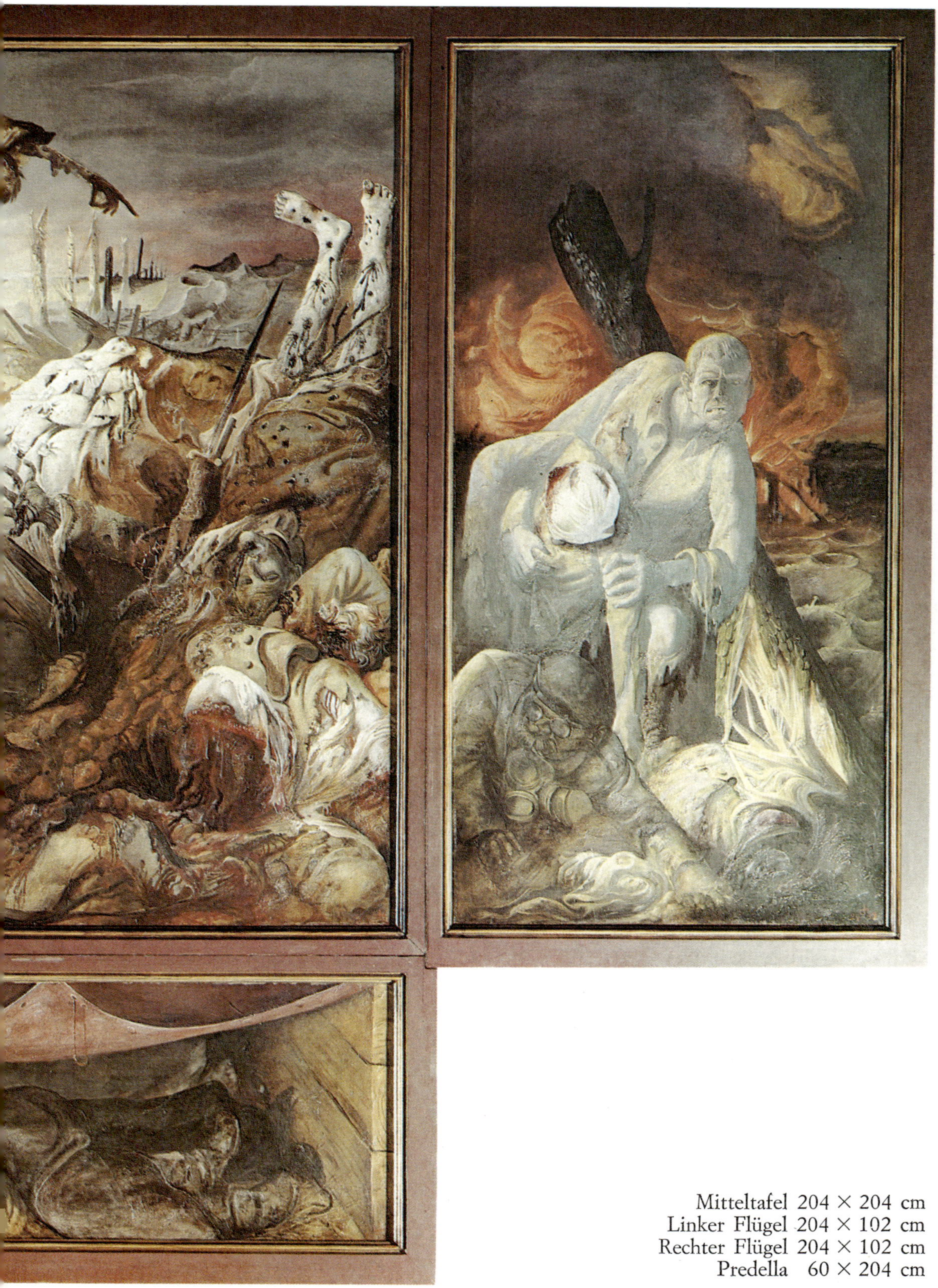

Mitteltafel 204 × 204 cm
Linker Flügel 204 × 102 cm
Rechter Flügel 204 × 102 cm
Predella 60 × 204 cm

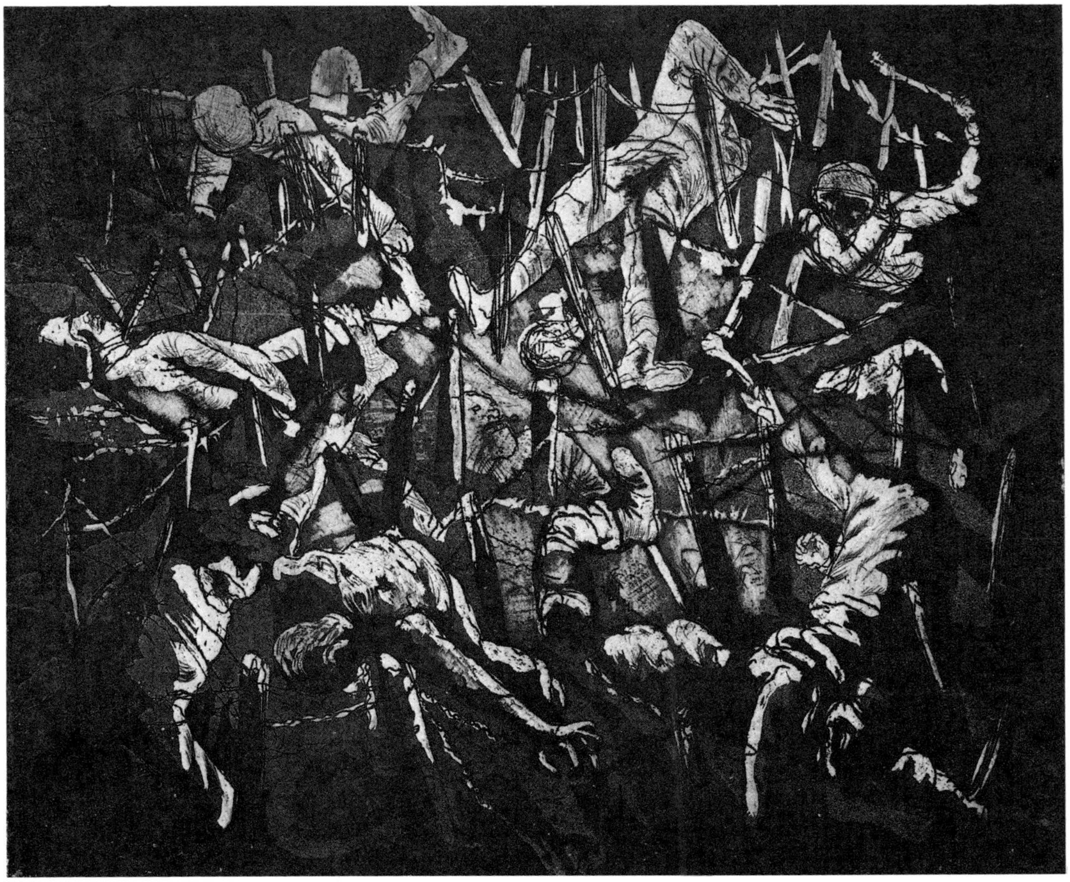

Totentanz Anno 17 (Höhe Toter Mann), 1924
Radierung aus »Der Krieg«, Mappe II, N. 114
24,5 × 30 cm

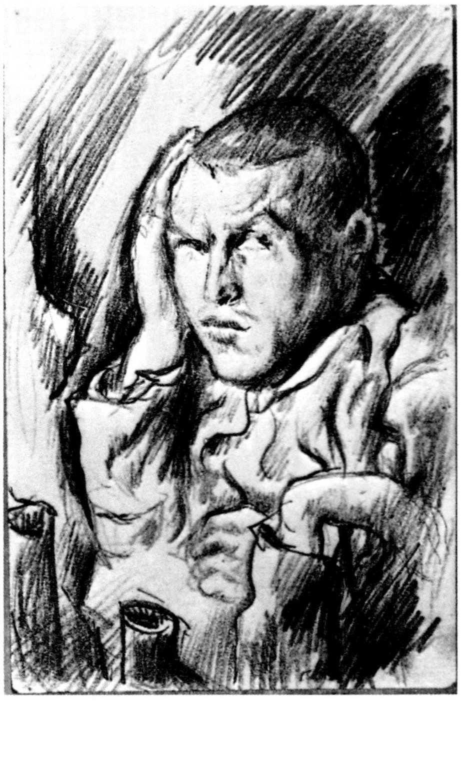

Feldpostkarte: Selbstbildnis 1917
Bleistift, 9,2 × 14,2 cm
Kunstgalerie Gera

sind in das Bild eingestreut, ebenso wie das groß gemalte Wort »Ahoi« und der Satz: »Das ist Dix, d.h. A + O zeit + raumlos.« Rückseitig ist zu lesen: »Ich werde mich an den Sünden und Tugenden meiner Vorfahren rächen. Dix.« Das Programm der Nachkriegsjahre hieß also für Dix: Angriff oder, wie Carl Einstein dies 1923 formulierte: »...Attacke, nüchtern und ohne ungehöriges Vordrängen der beliebten, falschen Persönlichkeit, die stets schmunzelnden Calembourg statt Feststellung verkauft. ...Dix wagt sachgemäß Kitsch, nämlich die lächerliche Welt des schlau stupiden Bürgers, der im drosselnd Gemeinen fett plätschert.«

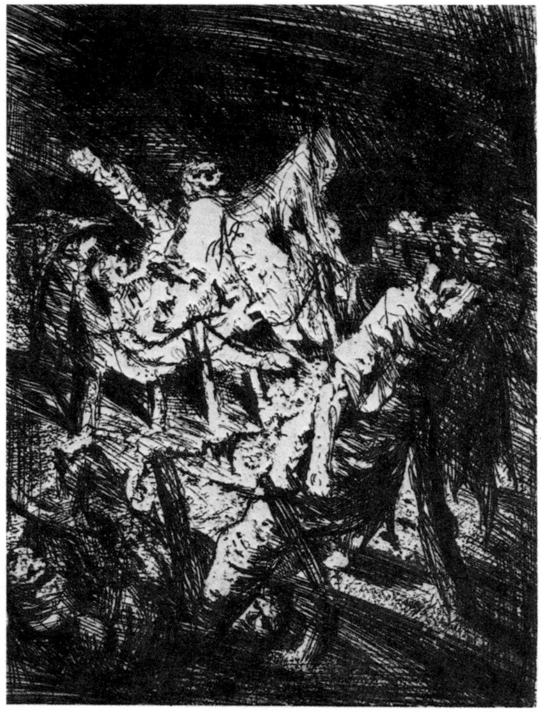

Drahtverhau vor dem Kampfgraben, 1924
Radierung aus »Der Krieg«, Mappe III, N. 125
26 × 19,5 cm

Felixmüller blieb für Dix trotz seiner gänzlich verschiedenen idealistischen Grundeinstellung der treue Freund und Förderer im Hintergrund. Noch in Dresden machte er Dix mit den Techniken von Radierung und Lithographie bekannt, so daß dieser im Sommer 1920 bereits eine erste Sendung mit Radierungen an die Galerie Ey in Düsseldorf schicken konnte. Sie waren bald erfolgreich verkauft. Dix schrieb Briefe an die legendäre Kunsthändlerin Johanna Ey, in denen er jeweils seine »Kunstsendungen« auflistet. Zu dieser Zeit suchte er bereits nach einem Atelier in Düsseldorf. Im Oktober 1921 reiste er schließlich auf Einladung sowohl von Johanna Ey als auch von Dr. Hans Koch, dem Arzt, Kunstsammler und ersten Ehemann von Dix' zukünftiger Frau Martha Koch, nach Düsseldorf. Die Stadt, in der er zwischen 1922 und 1925 lebte und arbeitete, wurde für ihn in privater wie künstlerischer Hinsicht entscheidend. »Mutter« Ey hat die Ankunft von Dix in Düsseldorf in einer vielzitierten Anekdote in ihren Lebenserinnerungen festgehalten: »Alle Delikatessen und Liköre, die ich aufbringen konnte, standen zum Empfang bereit. Er kam auch bald, mit fliegendem Cape, großem Hut und begrüßte mich mit Handkuß, für mich damals etwas sehr Außergewöhnliches. Morgens packte er seinen Karton aus, es kamen zum Vorschein: Lackschuhe, Parfums, Haarhaube, alles für Schönheitspflege...« Dix' dandyhaftes Auftreten, seine pomadisierten, zurückgekämmten Haare, die Anzüge in »amerikanischem« Stil widerlegen ein weiteres Mal die Mär vom »Proleten« Dix. Ganz im Gegenteil war Dix damals der arrogante Barbesucher, der Charmeur, Frauenverführer und glänzende Tänzer. Seine Ausstrahlung blieb auch auf Frau Martha Koch, geborene Lindner, nicht ohne Wirkung. Ihre Ehe mit dem Kunstmäzen Dr. Hans Koch befand sich

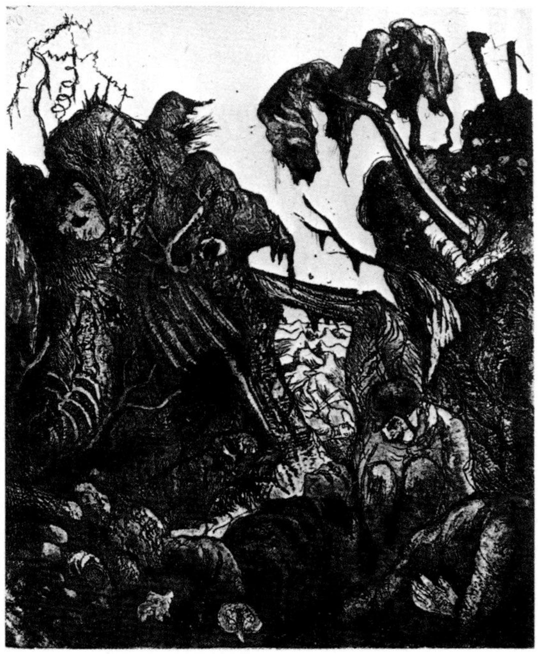

Zerfallender Kampfgraben, 1924
Radierung aus »Der Krieg«, Mappe I, N. 104
30 × 24,4 cm

damals bereits in einer ernsten Krise. Zusammen mit diesem führte sie ein graphisches Kabinett, offiziell Kunsthandlung von Berg benannt. Man handelte vor allem mit französischer Kunst, mit Braque, Vlaminck, Marie Laurencin, aber auch mit Macke, Schrimpf, Seehaus und Nolde. Otto Dix brachte seine Bilder zur Ansicht zu Dr. Koch. Dieser kaufte sofort *Salon I* und *Salon II* (beide von 1921) und erteilte Dix den Auftrag, ihn zu portraitieren.

Martha Dix erinnert sich an die erste Begegnung: »Von Dix stellte ich mir vor, da kommt ein junger Mann an mit lauter Pickeln und blonden Haaren. Er hatte wirklich blonde Haare, und vor allem war er ganz munter. Es stellte sich heraus, daß er wahnsinnig gut tanzen konnte. Hans fand das albern und machte extra noch Blödsinn. Grauenvoll. Ich war nur immer kolossal aufs Tanzen aus und es wurde beschlossen, ein Grammophon anzuschaffen. Wir soffen auch. Aus Baccara-Gläsern. Da ging ein Viertel Liter Wein rein.« Im Gegensatz zu Martha vertrug Otto Dix den Alkohol nicht. Die beiden werden ein Traumpaar, zumindest auf der Tanzfläche, das sogar Ambitionen hatte, bei öffentlichen Tanzwettbewerben aufzutreten. Das Hauptmotiv hierfür war allerdings, die Finanzen etwas aufzubessern. Am liebsten tanzte Dix den Shimmy, einen der neuen amerikanischen Modetänze neben Charleston.

Europa befand sich nach dem Krieg in einem regelrechten Tanzfieber. Der Jazz, der aus dem Süden der Vereinigten Staaten stammt, hatte seinen Siegeszug um die Welt angetreten. Amerikanismus war Mode. Allgemein galt Amerika als das »gelobte Land« unter den jungen Künstlern und Intellektuellen. Das Muster der amerikanischen Vergnügungsindustrie, der Massenkultur, setzte sich mit den pompösen Girl- und Ausstattungsrevuen, mit Boulevardkomödien und Chaplin-Filmen auch in Deutschland allmählich durch. Daß Otto Dix gerade den Shimmy so leidenschaftlich gerne tanzte, trug ihm den Spitznamen »Jim« oder »Jimmy« ein. »Toy« war ein anderer Kosename für Dix, der auf seine ironische Weise der Mode des Amerikanismus anhing. Die Liebe zwischen Martha Koch und Otto Dix vertiefte sich. Hans Koch bestand auf Trennung der »Noch«-Ehe. Bis diese vollzogen werden konnte, verging nochmals ein Jahr. Im Februar 1923 ließen sich Otto Dix und Martha Koch endlich standesamtlich trauen. Sie heirateten ohne rauschendes Künstlerfest, im kleinsten Kreis. »Wir haben irgend so etwas im Laden gekauft, haben eine Bowle gemacht und dann war die Sache erledigt«, sagte Martha Dix später zu diesem Ereignis.

Im Gegensatz zu Otto stammte Martha Dix aus reichem großbürgerlichen Hause. Geboren am 19. Juli 1895 in Köln, wuchs sie in Mannheim und Frankfurt auf, umgeben von Gouvernanten und Personal, unterrichtet von Hauslehrern in mehreren Sprachen und in Musik. Der Vater, Bernhard Lindner, war Versicherungsdirektor. Zusammen mit zwei älteren Brüdern und der Schwester Maria, zu der sie eine besonders enge Beziehung hatte, verbrachte sie eine unbeschwerte Kindheit und Jugend in einem liberalen, weltoffenen Elternhaus. Man interessierte sich für die neuesten literarischen und kulturellen Tendenzen, und Schwester Maria, die mit pazifistischen Ideen sympathisierte, war Abonnentin der politisch links stehenden, von Franz Pfemfert herausgegebenen Zeitschrift »Die Aktion«. Für Martha Dix waren Gedanken über sogenannte unüberbrückbare Klassengegensätze ihrer Verbindung mit Otto Dix lächerlich. Heiraten zwischen Paaren gegensätzlicher sozialer Herkunft waren in den zwanziger Jahren keineswegs unüblich, und meist waren es die selbstbewußten, emanzipierten Frauen aus wohlhabenden Familien, die sich ohne Zögern auch Männern aus dem Proletariat verbanden. In Martha traf Otto Dix eine Frau von ausgeprägter Persönlichkeit und kritischem Verstand, die seinem schwierigen, extremen Charakter gewachsen war. Bevor er sich im Herbst 1922 endgültig in Düsseldorf niederließ, begleitete sie ihn nochmals nach Dresden. Eine Phase unbeschwerter, inspirierter Arbeit begann für Otto Dix. Die Stimmung war übermütig, trotz ständiger Geldsorgen. Dix fertigte eine Anzahl von Skizzen von sich und seinem »Mutzli«, wie er seine Frau liebevoll nannte. Ebenso wie die Briefe und Karten an Hans und Maria Koch (Hans Koch hatte inzwischen die Schwester Marthas, Maria, geheiratet) spiegeln sie die Heiterkeit und das ausgelassene Glück des jungen Paares wider. Auf einer Zeichnung von 1921, die »Mutzli Koch zur Erinnerung« gewidmet ist (siehe S. 62),

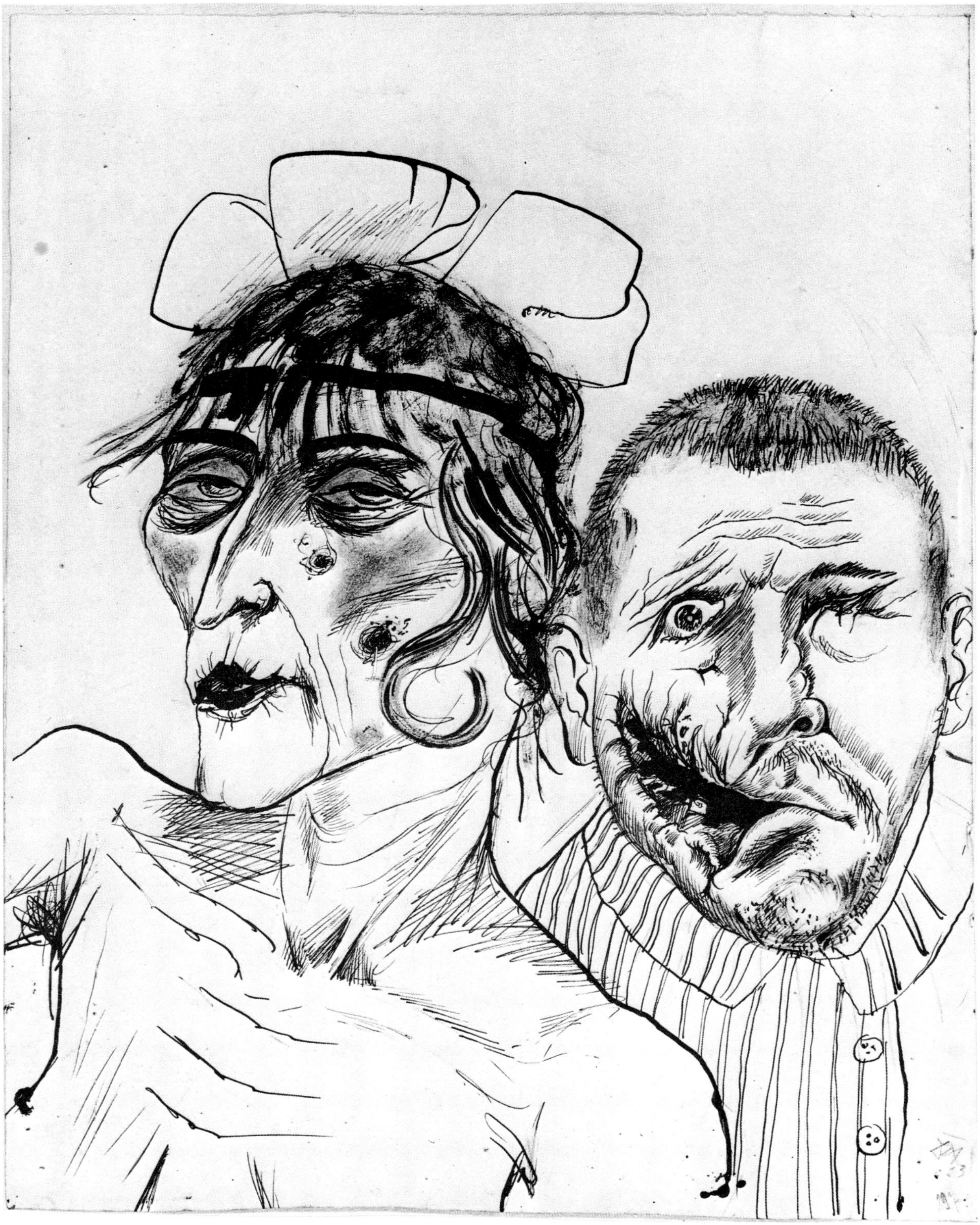

Hure und Kriegskrüppel, 1923. Feder, 47 × 37,3 cm
Westfälisches Landesmuseum für Kunst und Kulturgeschichte, Münster

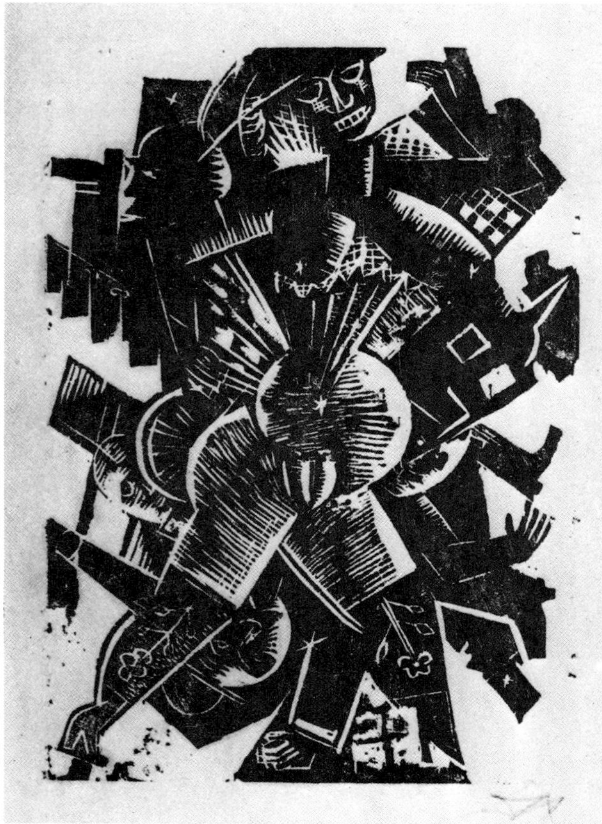

Apotheose, 1919
Holzschnitt, 28,2 × 19,8 cm
Privatbesitz

charakterisiert Dix mit wenigen feinen Strichen und Schraffierungen seine Frau in ihrer eleganten Erscheinung mit den großen, ausdrucksvollen Augen und der beinahe magischen, intensiven Ausstrahlung. Als Pendant dazu zeichnet er sich einen Monat später im Profil, den zu Taten entschlossenen »Toy«, mit feingeschwungener Nase, vorgerecktem Kinn und kühnem Blick aus leicht zusammengekniffenen Augen (siehe Titelblatt).

Eines der bedeutendsten Werke der frühen zwanziger Jahre entstand 1921, *Bildnis der Eltern I* (siehe S. 47), das Frau Ey erwarb. Sie hängte es in ihr Schaufenster und beschrieb die Resonanz: »Die Leute lachten darüber und machten die Bemerkung: ›Na, das sind ja nette Eltern‹.« Wie immer in den Portraits von Dix dominieren Hände und Gesichter der dargestellten Personen. Die beiden alten Leute sitzen schräg nebeneinander, bekleidet mit einfachen Arbeitshemden, Hose und umgebundener Schürze. Schwer, aber gelöst, liegen die Arme auf den Knien. Die breiten Hände sind gezeichnet von körperlicher Arbeit. Vater und Mutter blicken vor sich hin, etwas sinnend, etwas müde, aber in Übereinstimmung mit sich und ihrem Schicksal. Keine Spur von Ausbeutung des »niederen Standes« ging in das Bild ein; statt dessen vermittelte Dix bildnerisch eine mit sensibel-aufmerksamem Blick wahrgenommene Bilanz zweier, von gemeinsamer Sorge um eine erträgliche Existenz getragener Leben.

In den Variationen seines großen Themas »Eros und Tod« widmete er sich bevorzugt Außenseitertypen der Gesellschaft, schilderte das Milieu antibürgerlich-exotischer Welten wie der von Jahrmarkt, Bordell und Zirkus, oder er griff Tabuthemen wie die des Lustmords, des Sadomasochismus oder von Alter und Sexualität auf (siehe S. 55). Dabei entfaltete sich gerade angesichts des vom bürgerlichen Standpunkt aus »Anrüchigen«, Verbotenen sein entlarvender, befreiender Humor.

Das Ölgemälde von 1920, *Suleika, das tätowierte Wunder* (siehe S. 57), birst geradezu vor Einfällen seines lustvoll-grotesken Humors. Dix hatte sich, wie Frau Martha erzählte, »für Tätowierungen sehr interessiert; er kaufte von solch einem Meister seines Fachs ein Modellbuch mit seinen primitiven Vorlagen ab...«. Das Buch stellt allerdings keine Vorlage für das Gemälde dar. Die Frau, die Dix portraitierte, existierte tatsächlich; als »Maud Arizona« trat sie in deutschen Hafenstädten und im Orient auf. Bis zum Ersten Weltkrieg und auch während des Krieges war die Faszination an tätowierten Gestalten eine für das schau- und sensationslustige Volk ungeheuer. Die wie bei *Suleika* kunstvoll über und über mit Tätowierungen geschmückten Körper waren für deren Träger absichtlich provozierender Ausdruck ihrer Gegenwelt.

Ihre Tätowierungen verwandeln *Suleika* zum ornamentalen Kunstwerk, machen ihre Haut zum Träger einer verschwenderischen Fülle von Bildmotiven. Dix bot auf Suleikas Körper, den

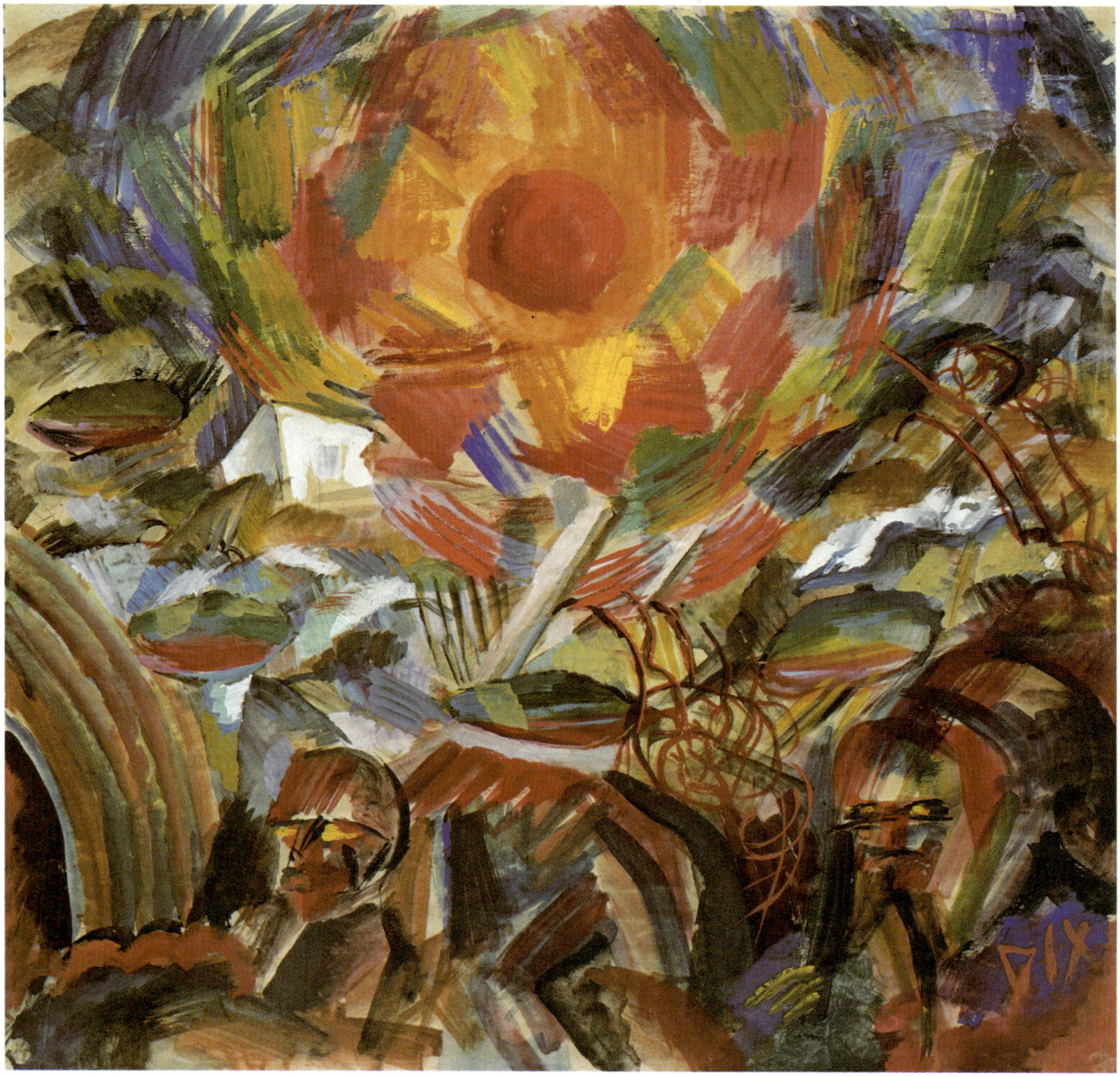

ABENDSONNE (YPERN), 1918. Gouache, 39,2 × 41,3 cm
Städtische Galerie Albstadt. Stiftung Walther Groz

volkstümlichen Stil und die Motive jeweils ironisch und mit spürbar eigener Lust »imitierend«, das gesamte Arsenal der Tätowierkunst an. Zu sehen sind anspielungsreiche Embleme wie der Reichsadler auf der Europakugel, an dessen Seite die verschiedenen Nationalflaggen hängen, ein Eisernes Kreuz, auch ein Soldatengrabkreuz sowie die Rückenansicht eines Soldaten mit Pickelhaube und Totenkopf. Daneben finden sich die Zirkusreiterin, Balancekünstler und andere Akrobaten, ein »prächtiges« Segelschiff, das sich umarmende Paar, häufig verwendete Glückssymbole wie Sonne, Ruhmesengelchen, eine Rose, das durchbohrte Herz, das Glücksrad (Steuerrad), Tierkreiszeichen und Tiersymbole, darunter Schlange, Schmetterling, Pferdekopf.

Dix hatte zu den gewählten Zeichen eine ganz persönliche Beziehung. Sie sind zugleich »heimliche« Symbole einer Privatmythologie, die er bereits in frühen Selbstbildnissen, wie zum Beispiel dem *Selbstportrait als Raucher* (1913) entfaltete. Im Gemälde *Sehnsucht* (siehe S. 23) von 1918 sind »seine« Symbole gar wie eine Fortsetzung seines Kopfes, gleichsam als Trophäen um diesen gruppiert: Sonne, Mond, die Rose mit eingeschriebenem Gesicht und der Stierkopf. Rose, Mond, Sonne, Engelsflügel, Totenschädel oder das Glücksrad tauchen in den Selbstdarstellungen bis 1923 als Motivkreise immer wieder auf.

Die Komik der Darstellung bei *Suleika* ergibt sich aus der geziert-verschraubten Pose, die Suleika, auf einem Podest stehend, einnimmt. Artistisch dreht sie ihren Körper nach oben, spreizt die Finger nach allen Richtungen und bringt sich so in ihrer kunstvollen Schönheit als außergewöhnliche Attraktion zur Geltung. Sie verkörpert, inmitten der trivialen Schaubuden-Atmosphäre, nichts weniger als den Traum von lustvoller, sinnlicher, den eigenen Körper genießender Existenz. Humor und Lust liegen eng beieinander; Dix hatte dies genau erkannt und in einem Interview 1965 formuliert:

> Jaa, das ist doch auch so eine Lust am Grotesken, wie immer alles auf der Welt dialektisch ist! Wie die Gegensätze nebeneinander stehen! Hier ist das *Feierliche* — und gleich daneben das *Komische*. Daß das so eng benachbart erscheint, das ist doch eine Art...mm, es ist nicht gerade eine Entdeckung, die ich allein gemacht hätte, aber mir schien es unbedingt zueinander zu gehören. Nein, das war eine Lust für mich, daß das Leben so ist, das ist es ja, daß nicht alles zuckergußfarben und wunderschön ist. Wenn es drauf ankommt, können Sie den Menschen groß — und auch ganz klein sehen, sogar *viehmäßig. Das gehört zur Vollständigkeit seiner Anlage.* Nein, ich war gar nicht schmerzlich berührt von diesen Erkenntnissen... Das war kaputt. (Rückt Bilder, holt eines hervor). Schließlich gibt es auch — *Humor...*

Wie sich aus anderen Beispielen erneut bestätigen wird, bedeutete Humor für Dix eine grundsätzliche, weltanschauliche Einstellung. Die Tatsache, daß die Gegensätze immer »nebeneinanderstehen«, daß das Komische und das Feierliche zueinandergehören, war für ihn keine angsterregende, sondern eine von Angst befreiende Einsicht. In zwei Radierzyklen von 1922, *Zirkus* und *Tod und Auferstehung*, huldigt Dix ein weiteres Mal den geliebten Entwürfen einer »Gegenwelt«. Maud Arizona, also die Suleika des Gemäldes, taucht in *Zirkus* in zwei Fassungen erneut auf; daneben werden unter anderem die Akrobaten, die *Verächter des Todes* (siehe S. 50 und 51), ein absurder Balanceakt, bei dem eine junge Frau einen beladenen Tisch auf ihrer Nasenwurzel bewegt, Sketche und Reitakte dargeboten. Die sechs Blätter des Zyklus *Tod und Auferstehung*, darunter der *Selbstmörder (Erhängter)* (siehe S. 54), *Schwangerschaft, Die Barrikade, Toter Soldat* und *Begräbnis*, scheuen die Konfrontation mit auch extremen Formen des Sterbens nicht. Dix bewegt sich virtuos auf dem schmalen Grat swischen Grauen und Komik, wenn er auf dem Blatt des Lustmords vor der verwüsteten Leiche einer Frau zwei sich paarende Hündchen zeigt (siehe

S. 55). Die Extreme fallen ineinander, Tod und Leben bedingen sich gegenseitig, so die bildnerisch auf die Spitze getriebene Aussage der Radierung.

Dix suchte die Konfrontation in jenen Jahren und er fand sie oft heftiger, als ihm lieb sein konnte. In der 1922 datierten Radierung *Mädchen vor dem Spiegel* (siehe S. 53) wählte Dix ein — Kunstgeschichte und Literatur seit der Antike immer wieder faszinierendes — Motiv, das die Doppelwertigkeit der Kategorien schön-häßlich, Jugend-Alter, Gesundheit-Verfall, von Sein und Schein eindringlich vergegenwärtigt. Erst im Spiegel enthüllt sich der tatsächliche Körperzustand der Frau, deren Rückenansicht durchaus die eines »Mädchens«, wie von Dix doppeldeutig im Titel angesprochen, sein könnte. Eine alte Dirne versucht sich weiterhin als junge Frau zu verkaufen, gezwungen, eine Rolle, die sie körperlich nicht mehr erfüllt, aus Gründen des Überlebens weiterzuspielen. So hat sie ihren Körper mit den ausgemergelten Brüsten »garniert« wie in jugendlichen Zeiten. Sie steht, vornübergebeugt, vor einem großen Standspiegel mit gedrechseltem Rahmen und Fuß und führt gerade, mit irgendwelchen Verschönerungen ihres Gesichts beschäftigt, die rechte Hand in Höhe ihrer Schläfe, vielleicht um eine Welle des sorgfältig um den Kopf gelegten Haares zu korrigieren. Bekleidet ist sie mit einem längsgestreiften, am tiefen Décolleté spitzenbesetzten Korsett, das durch ihre vorgeneigte Haltung ihre durch den Alterungsprozeß kümmerlichen, ausgelaugten Brüste deutlich im Spiegel zeigt. Dieser macht jegliche erotische Erwartung, anknüpfend an die dekorative Rückenansicht aufgrund von Spitzen und kreuzweiser Schnürung, durch die Enthüllung der Körpervorderseite zunichte. Der Spiegel, der ihre erbärmliche Gegenwart aufs schärfste verhöhnt, verweist gleichzeitig um so dramatischer auf eine andere, anziehendere Vergangenheit. Das Bild ist eine doppelte Provokation: Nicht nur das Tabu-Thema des alten Körpers wird für bildwürdig befunden, sondern zugleich das andere, mehr oder minder ebenso tabuisierte Thema der Prostitution. Der Spiegel, hier zweifach seiner konservativen Funktion enthoben, enthüllt das »Häßliche« und er wird vom Häßlichen sozusagen mißbraucht. Dix war und blieb einer der wenigen Maler der Moderne, die es wagten, den körperlichen Verfall darzustellen. Zu diesem Bild, wie auch zu einigen anderen mit ähnlicher Thematik, zum Beispiel der *Venus des kapitalistischen Zeitalters* (1921), äußerte er sich später folgendermaßen: »Ich habe vor den frühen Bildern das Gefühl gehabt, eine Seite der Wirklichkeit ist noch gar nicht dargestellt, das Häßliche.« Kurz vor seinem Tod ergänzte er diese Bemerkung: »Ich war gar nicht so auf die Darstellung des Häßlichen aus. Alles, was ich gesehen habe, das ist schön.« Wieder klingt die Grundeinstellung vorurteilsloser Wahrnehmung aus solchen Sätzen. Die Kategorien von schön und häßlich in der üblichen Wertung galten Dix nichts. Neben der beschriebenen Radierung des *Mädchens vor dem Spiegel* existierte ein gleichnamiges Gemälde von 1921, das heute verschollen ist. In der Darstellung war es der Radierung bis in Details hinein verwandt. Dieses Gemälde löste in der Öffentlichkeit einen Skandal aus. Gegen Dix wurde Strafantrag wegen »Verbreitung unzüchtiger Darstellungen« gestellt. Das Urteil fiel schließlich für Dix aus, nicht zuletzt durch ein Gutachten seines Freundes Lovis Corinth. Dix wurde »auf Kosten der Staatskasse« freigesprochen. Solche Reaktionen erlebte Dix mehrfach, und sie gipfelten schließlich 1933 in seiner Abstempelung zum »entarteten« Künstler. Zum besonders fruchtbaren Jahr 1922 zählen ebenfalls eine farbig aquarellierte Graphitzeichnung, betitelt *Ich in Brüssel* (siehe S. 60) und das Gemälde *An die Schönheit* (siehe S. 45). Im Mittelpunkt dieses Bildes steht Dix als cool-lässiger Salon-Dandy — eine Hand in der Jackettasche, in der anderen einen Telefonhörer — im Vordergrund eines klassizistisch ausstaffierten Tanzsalons. Die Atmosphäre gefrorener Ästhetik und eines Kults der Äußerlichkeit ist von Dix ironisch-sorgfältig arrangiert. Allgemein gilt das Gemälde als Vorläufer des 1927/28 entstandenen zweiten Hauptwerks der zwanziger Jahre, des Großstadttriptychons.

In der Zeichnung *Ich in Brüssel* stellte sich Dix in Soldatenuniform dar, wie er — eine Zigarette im Mundwinkel — mit scharfem, lüsternem und abwägendem Blick hinter einer jungen Frau herstarrt. Sie geht aufrecht vor ihm, mit selbstbewußtem Gesicht, und enthüllt ihm wohlbedacht die Reize ihres Hinterteils, indem sie ihren Rock mit der linken Hand nach oben nimmt. In diesem Bild steht die Frau als Verführerin im Mittelpunkt, und zwar als geschäftstüchtige, die ein Angebot

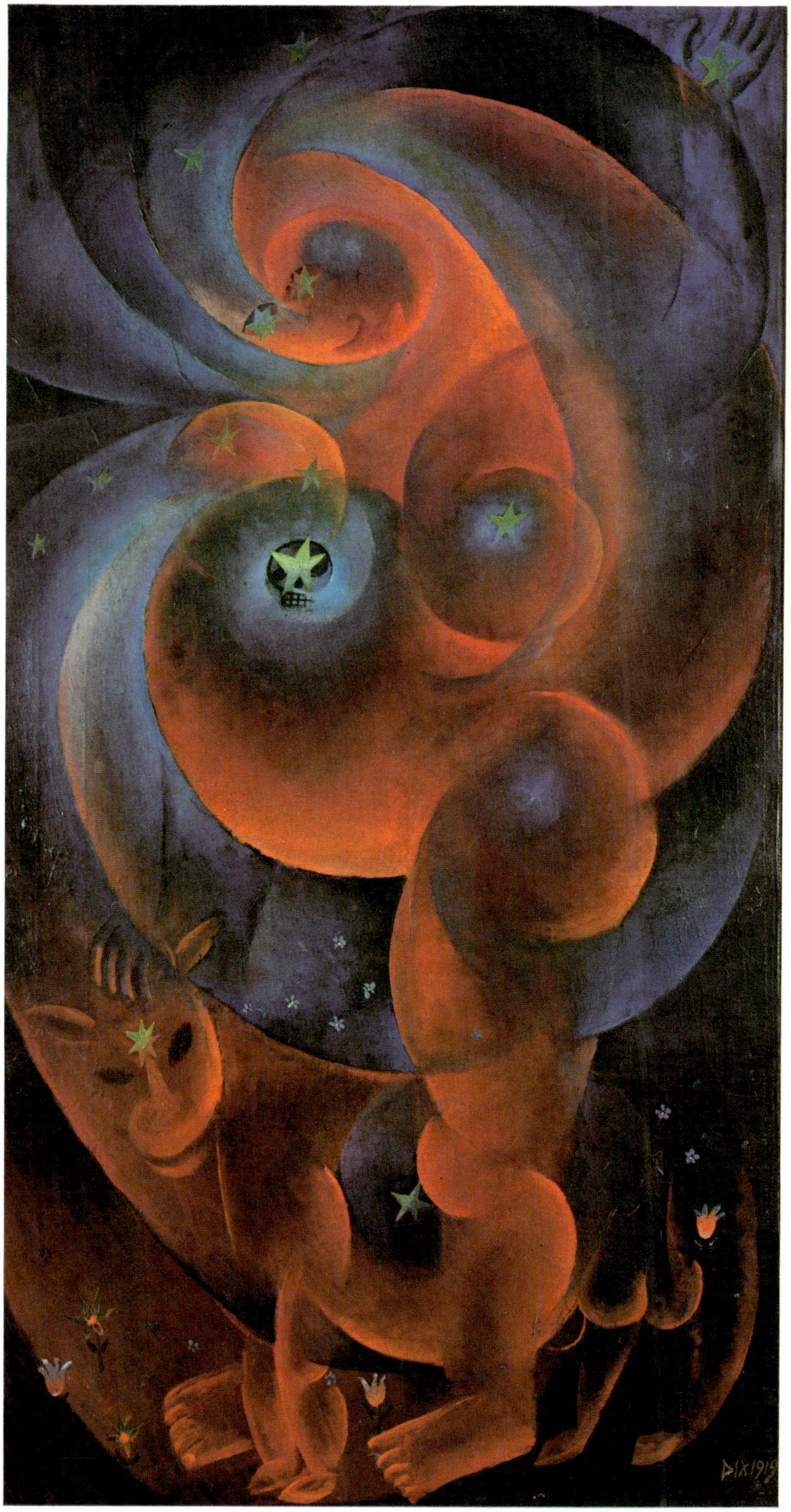

SCHWANGERES WEIB
1919
Öl auf Leinwand
133 × 72 cm
Sammlung
Dr. F. Valentien
Stuttgart

hinsichtlich der Befriedigung der sexuellen Wünsche des Mannes macht. Mehrere ähnliche Zeichnungen und Gemälde, also Selbstportraits von Dix mit Frauen, die ihn in seiner Imagination oder in der Realität beschäftigten, existieren aus jenen Jahren.

Immer drückt sich in ihnen ein Zustand hoher Spannung im Verhältnis zu den Frauen aus. Verlangen und Sehnsucht nach ihnen und unterschwellig angstvolle Abwehr gegen sie vermischen sich. Dix' Thema der Verbundenheit von Eros und Tod ist in diesen Arbeiten als sein persönlichstes dargestellt. In den Jahren zwischen 1921 und 1923, einer Arbeitsphase von größter Vielseitigkeit, schuf er eine sehr große Anzahl von Aquarellen (etwa vierhundert; leider ist ein Teil inzwischen verschollen). Sie zählen, in der Eigengesetzlichkeit ihrer Farbigkeit, mit zum Schönsten, das Dix in den zwanziger Jahren gestaltete. Die meisten schildern wiederum Randphänomene bürgerlicher Existenz — Hafenprostitution, Sexualverbrechen —, Szenen im Spannungsfeld von Eros und Tod. Daneben aquarellierte er Frauen des leichten Gewerbes, *Ellis* (siehe S. 59), *Puffmutter* oder *Dirne mit roten Backen*, die alle eine intuitiv-geniale Fähigkeit der Farbakzentuierung aufweisen. In der Spontaneität und Durchlässigkeit des Farbauftrags ist die schillernde Atmosphäre dieser zwielichtigen Zwischenwelten überzeugend eingefangen.

Die Düsseldorfer Zeit bis 1925 bedeutete für Dix den künstlerischen Durchbruch. Großen Anteil daran besaß Frau Ey. Ihre Kaffeestube, bei der die Künstler anschreiben lassen konnten, in der Nähe der Kunstakademie, wurde der Treffpunkt einer Gruppe revolutionärer Künstler des »Jungen Rheinland«. Gert Wollheim, Otto Pankok und Hermann Hundt zählten zu ihr, ebenso wie Arthur Kaufmann, Adalbert Trillhaase, Karl Schwesig, Jankel Adler, der Dichter Herbert Eulenberg und der Schriftsteller Adolf Uzarski. Unbeeindruckt durch den häufigen Aufruhr und den Anstoß, den ihre »Schützlinge« künstlerisch erregten, stellte Johanna Ey deren Arbeiten im Schaufenster ihres Ladens aus. Die Kunsthändlerin Johanna Ey war geboren, die Entdeckerin junger unbekannter Talente, unter denen sich auch der »Dadamax« Ernst (Max Ernst) befand. Sein berühmtes Gemälde *La belle jardinière* verkaufte Mutter Ey später an das Düsseldorfer Kunstmuseum.

Dix war vor allem mit Wollheim, Pankok und »Männe« Hundt eng befreundet, auch mit Arthur Kaufmann, dem Vorsitzenden des »Jungen Rheinland« zwischen 1921 und 1925. Oft half Kaufmann dem damals immer »abgebrannten« Dix mit Geldmitteln aus. Er kaufte, wie Martha Dix erzählte, »bei seinem ersten Besuch in Düsseldorf das Bild *Kleines Mädchen* (Akt) ab, ließ sich portraitieren und schenkte Dix einen seiner Anzüge, damit sich dieser anständiger präsentieren konnte, statt mit dem Loch auf der Sitzfläche der Hose, das zwar von Frau Ey, bei der Dix wohnte, allabendlich geflickt, tagsüber aber von Dix' mageren Knochen wieder durchbohrt wurde.«

In Düsseldorf lebte Dix mit seiner Familie in einem Haus mit Balkon und großzügigen Räumen, das dem Maler Adalbert Trillhaase gehörte (Hindenburgwall 3). Nach vorübergehender Ateliergemeinschaft mit Gert Wollheim erhielt Dix ein Meisterschüler-Atelier an der Kunstakademie bei Heinrich Nauen. Nicht dieser jedoch, sondern Wilhelm Herberholz, der an der Akademie die druckgraphischen Techniken unterrichtete, wurde für Dix von Bedeutung. Bei ihm konnte er durch »Ausprobieren aller möglichen Techniken« auch im Umgang mit der Lithographie, nicht nur mit der Radierung, zusätzliche Erfahrungen sammeln.

Die Dixschen Bildnisse seiner Kollegen und Freunde, so von Adolf Uzarski (siehe S. 66), Jankel Adler und Arthur Kaufmann wie das der Familie Trillhaase und das des kleinwüchsigen Malers Karl Schwesig mit Modell, sind großartige Beispiele seiner Portraitkunst. Unübertroffen war er vor allem in seiner Fähigkeit, in seinen Portraits sowohl die individuellen als auch die typischen Charakteristika einer Person transparent zu machen. In dichter Folge schuf Dix in den zwanziger Jahren eine große Anzahl von Bildnissen, von denen einige zu den bedeutendsten Arbeiten innerhalb des Gesamtwerks zählen. Verschiedene Aussagen des Malers über Portraitkunst geben wichtige Hinweise auf die Eigenart seines Vorgehens:

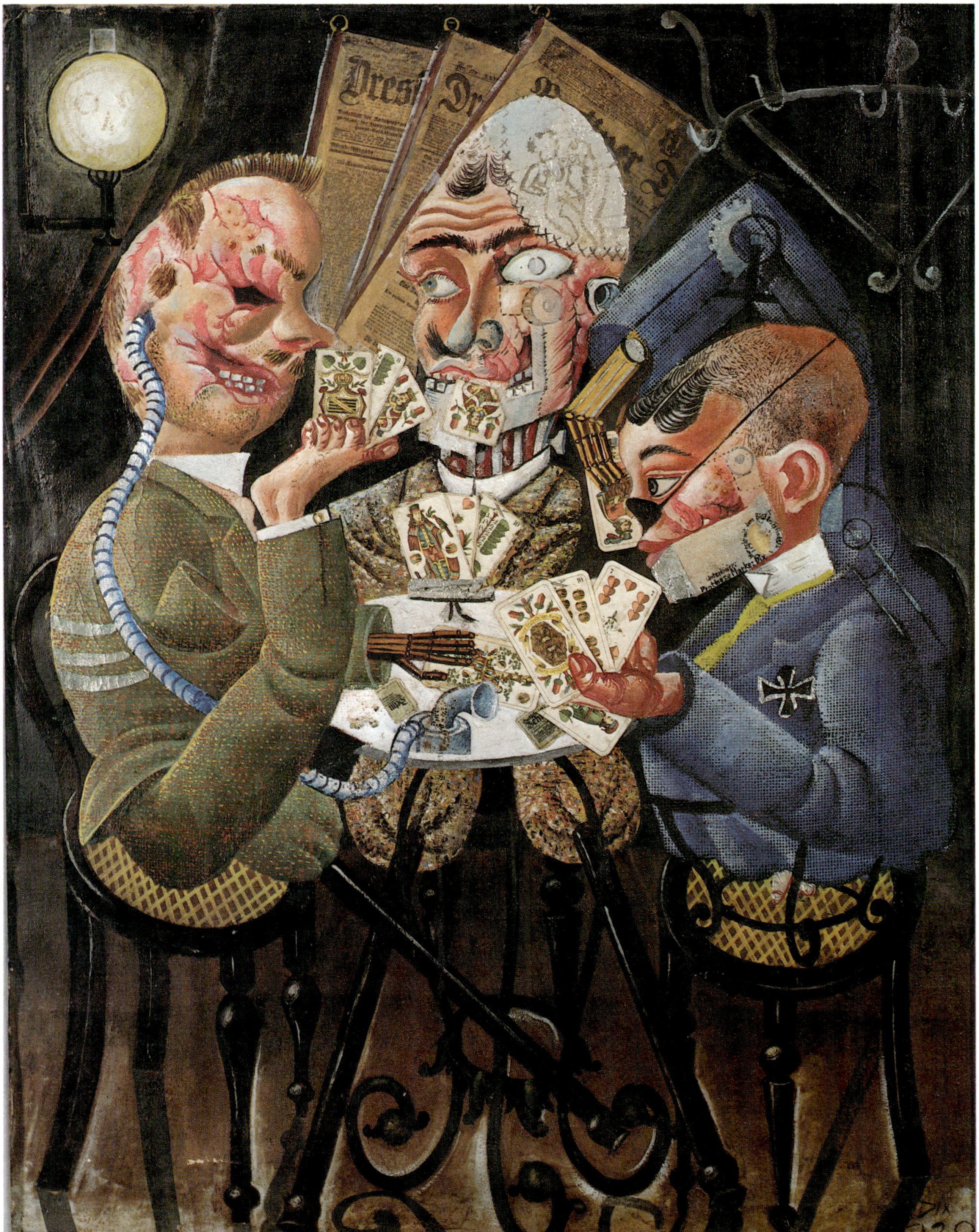
Dix

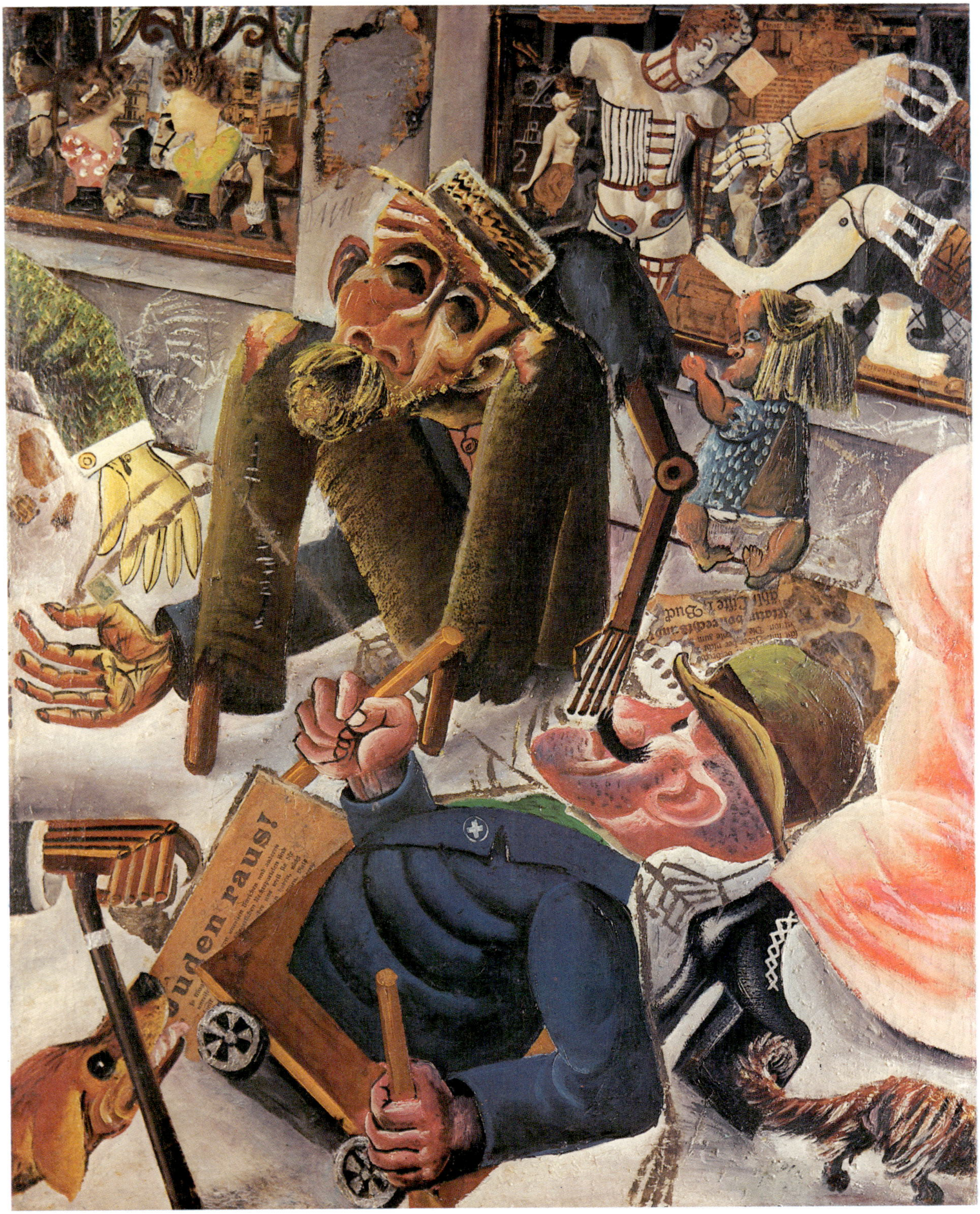

◁
DIE SKATSPIELER, 1920
Öl und Collage auf Leinwand, 110 × 87 cm
Privatbesitz, Konstanz

PRAGER STRASSE, 1920
Öl auf Leinwand, 101 × 81 cm
Galerie der Stadt Stuttgart

Jedem guten Bildnis liegt eine Schau zugrunde: Das Wesen jedes Menschen drückt sich in seinem Außen aus; das Außen ist Ausdruck des Inneren; d.h. Äußeres und Inneres sind identisch. Das geht so weit, daß auch die Gewandfalten, die Haltung des Menschen, seine Hände, seine Ohren, dem Maler sofort Aufschluß über das Seelische seines Modells geben; letztere oft mehr als Augen und Mund. Bemerkungen bei anderen Gelegenheiten verweisen auf ähnliches: Das Äußere der Dinge ist mir wichtig, denn mit der Wiedergabe äußerer Gestalt fängt man auch das Innere ein, meinte Dix einmal und an anderer Stelle: Der erste Eindruck ist der richtige und muß in seiner ganzen Frische erhalten bleiben. Ich will nur das Äußere sehen, das Innere ergibt sich dann von selbst.

Dix spricht also immer der jeweils spezifischen Erscheinung der Gestalt Aussagequalitäten bezüglich deren Gehalt zu, oder anders ausgedrückt, er konzentriert seine Wahrnehmung ausschließlich auf die äußere Erscheinung. Ob im frühen Portrait des Dr. med. Heinrich Stadelmann (siehe S. 46), ob im Bildnis des Kunsthistorikers Dr. Ferdinand Schmidt (1921), ob in den schon genannten Bildnissen, immer gilt die Hinwendung, ja Fixierung des Blickes der körperlichen Erscheinung. Besonders prägnant werden jeweils Armgestus, Hände und das Gesicht in seiner unverwechselbaren Mimik wiedergegeben. Die Repräsentation der dargestellten Personen geschieht so direkt wie möglich: Schmückende Attribute oder üppige Schilderungen des räumlichen Ambientes werden nur, wenn sie zur vervollständigenden Charakterisierung der Individuen unumgänglich sind, mit einbezogen.

1924 malt Dix Johanna Ey, die Künstlermutter. In eindrucksvoller Fülle steht sie mit strengem, durchdringendem und dabei gütigem Blick vor einem schwer fallenden, theatralisch drapierten Stoffvorhang in leuchtenden Rottönen. In einem bischöflich violett-farbenen Kleid mit Pelzbesatz, einen spanischen Elfenbeinkamm im welligen Haar, ist sie die unangefochtene Patronin der süßen Gaumenfreuden und der herben Kunstprodukte.

Am 14. Juni 1923 wurde die erste Tochter von Otto und Martha Dix geboren: Nelly. Für Dix stellte dieses Ereignis eine beglückende Bereicherung dar. Zeichnungen, Aquarelle, Graphiken und Gemälde der nächsten Zeit, die er von seiner Tochter und seiner Frau anfertigte, zeugen von der hinzugewonnenen Harmonie und seiner inneren Ausgeglichenheit. *Nelly in Blumen* (siehe S. 65) von 1924 zeigt das kleine Mädchen inmitten von Blumen stehend. Zum einen ist der absichtsvoll zitierende Rückgriff von Dix auf das Formenvokabular des »Kindermalers« des 19. Jahrhunderts, Philipp Otto Runge, erkennbar, zum anderen arbeitete er in diesen wie einigen anderen Gemälden zusätzlich nach photographischen Vorlagen. Ein wichtiger Grund für die Unverwechselbarkeit seiner Portraits liegt in seiner Gewohnheit, verschiedene Stilmittel aus verschiedenen Bereichen einzusetzen und sie in den Dienst seiner präzisen Beobachtungsgabe zu stellen. Detailrealismus, Lasurtechnik und kompositionelle »Anleihen« (immer bewußt eingesetzte Zitate) machen seine Portraits so unnachahmlich vielschichtig.

Dies gilt ebenfalls für ein 1926 entstandenes Portrait seiner Frau, die ihm in einem stilisierten, mit Blüten und Ornamenten besetzten Kleid, eine zarte Pflanze in der Hand, Modell saß. Ein weiteres Hauptwerk datiert aus der Düsseldorfer Periode: das *Selbstbildnis mit Muse* von 1924. Es gehört zu einer Gruppe von Bildern mit dem Thema »Maler und Modell«. Dix, der in diesen Jahren eine schillernde Selbstdarstellung in verschiedenen Rollen liebte, präsentiert sich hier als der kühle Forscher im Maler-Arztkittel, der, unberührt von den Reizen der üppigen dunklen Schönheit vor ihm, mit dem Pinsel »letzte Hand« an diese anlegt. Die Selbstironie hinter der Pose des analytisch-sezierenden Beobachters ist unübersehbar (siehe S. 67).

1925 endet die Düsseldorfer Zeit mit der Auflösung der Gruppe »Junges Rheinland«. Dix geht für zwei Jahre nach Berlin. Hier hat sich der Galerist Karl Nierendorf etabliert, jener Mann, der

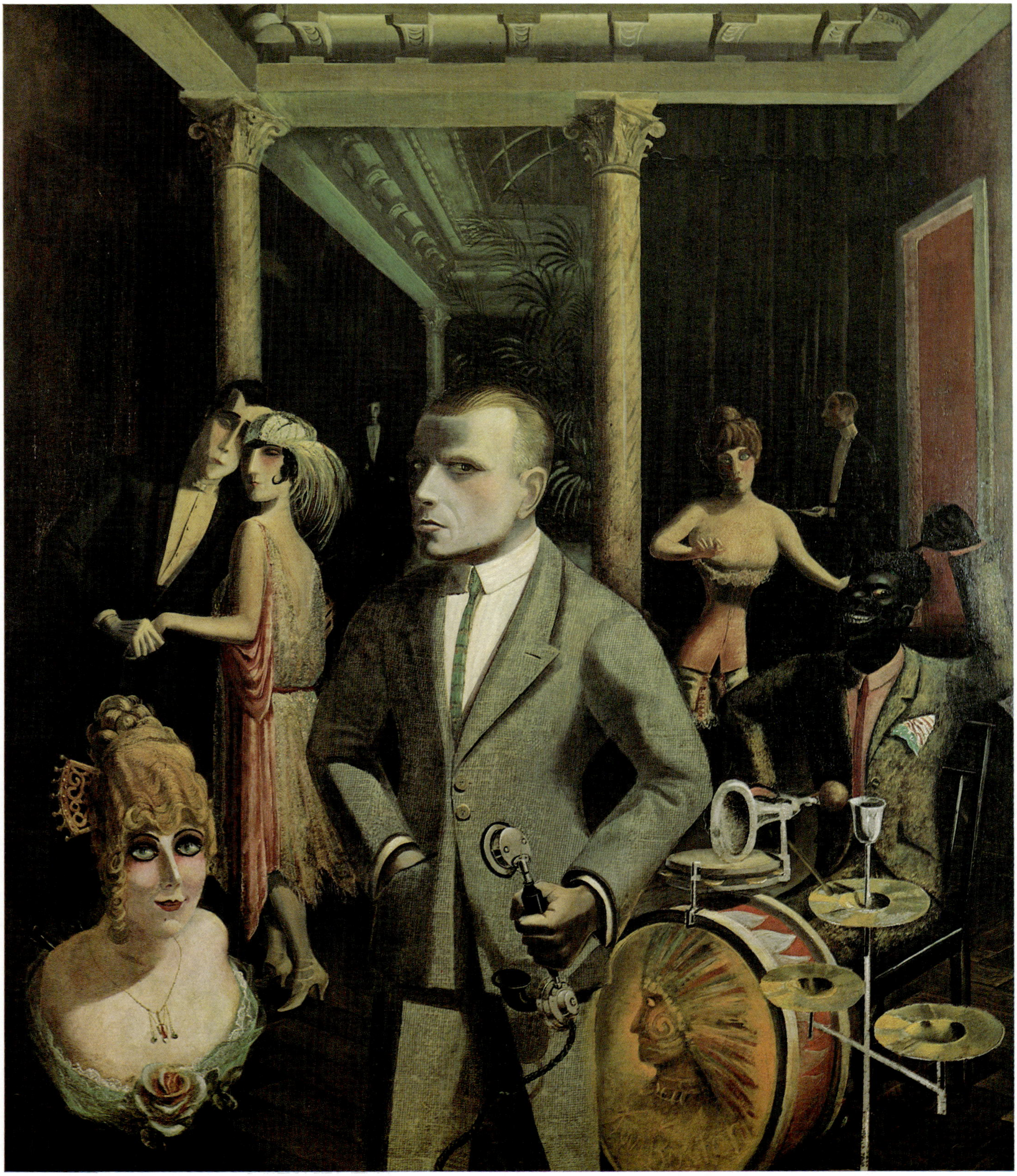

AN DIE SCHÖNHEIT, 1922. Öl auf Leinwand, 140 × 122 cm
Von-der-Heydt-Museum, Wuppertal

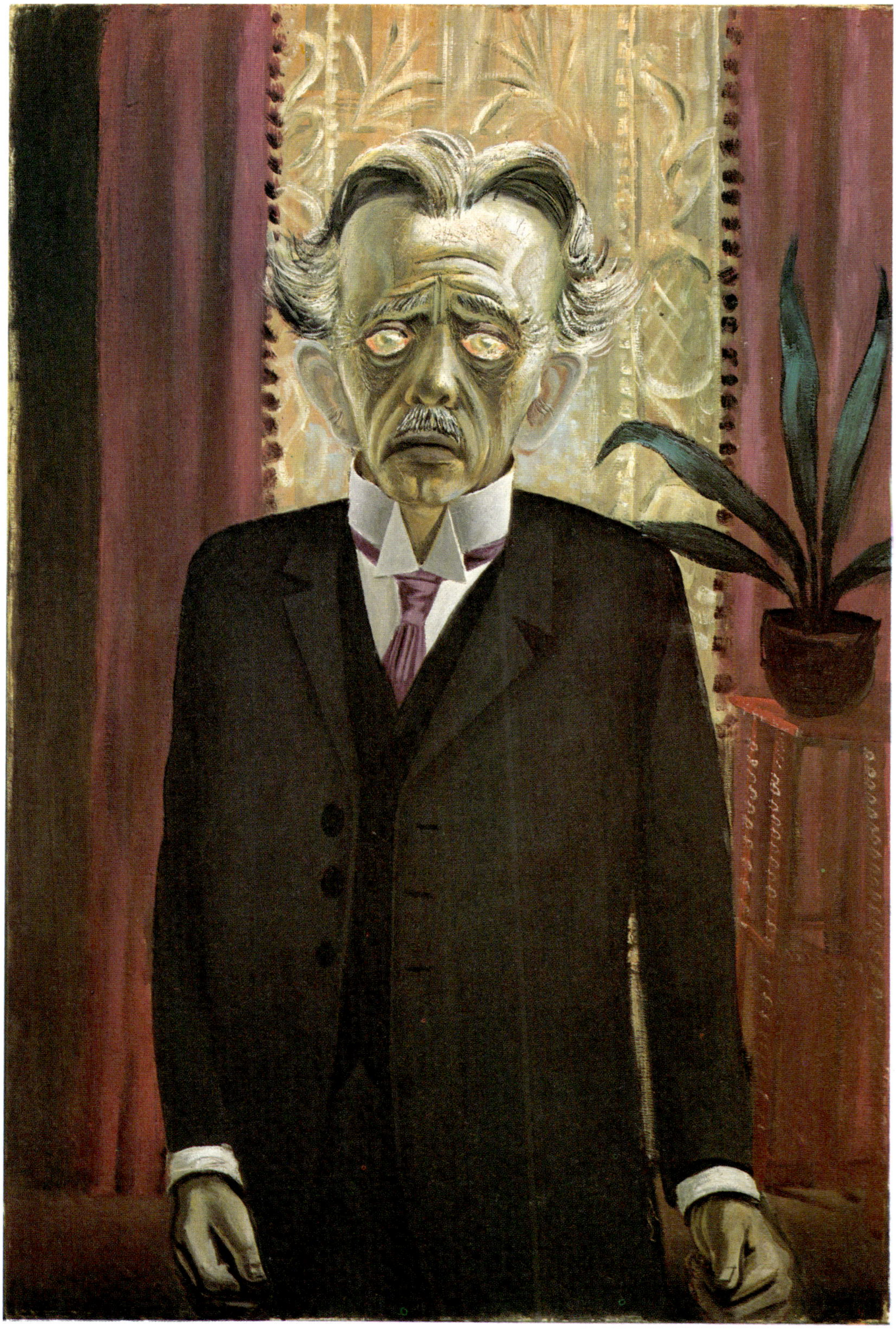

Bildnis Dr. Heinrich Stadelmann, 1922. Öl auf Leinwand, 90,8 × 61 cm
Art Gallery of Ontario, Toronto (Kanada)

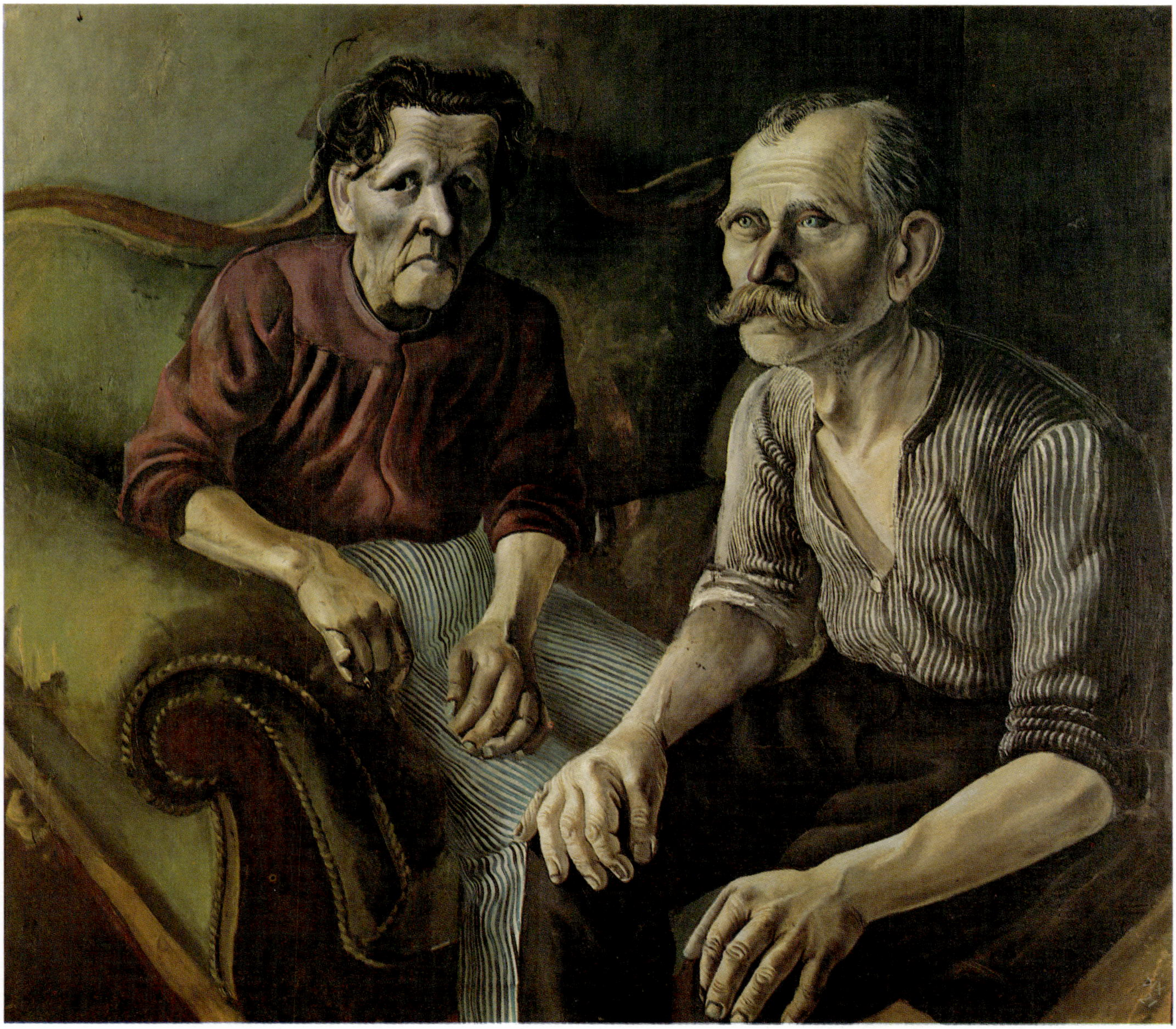

Bildnis der Eltern I, 1921. Öl auf Leinwand, 101 × 115 cm
Wallraf-Richartz-Museum, Köln

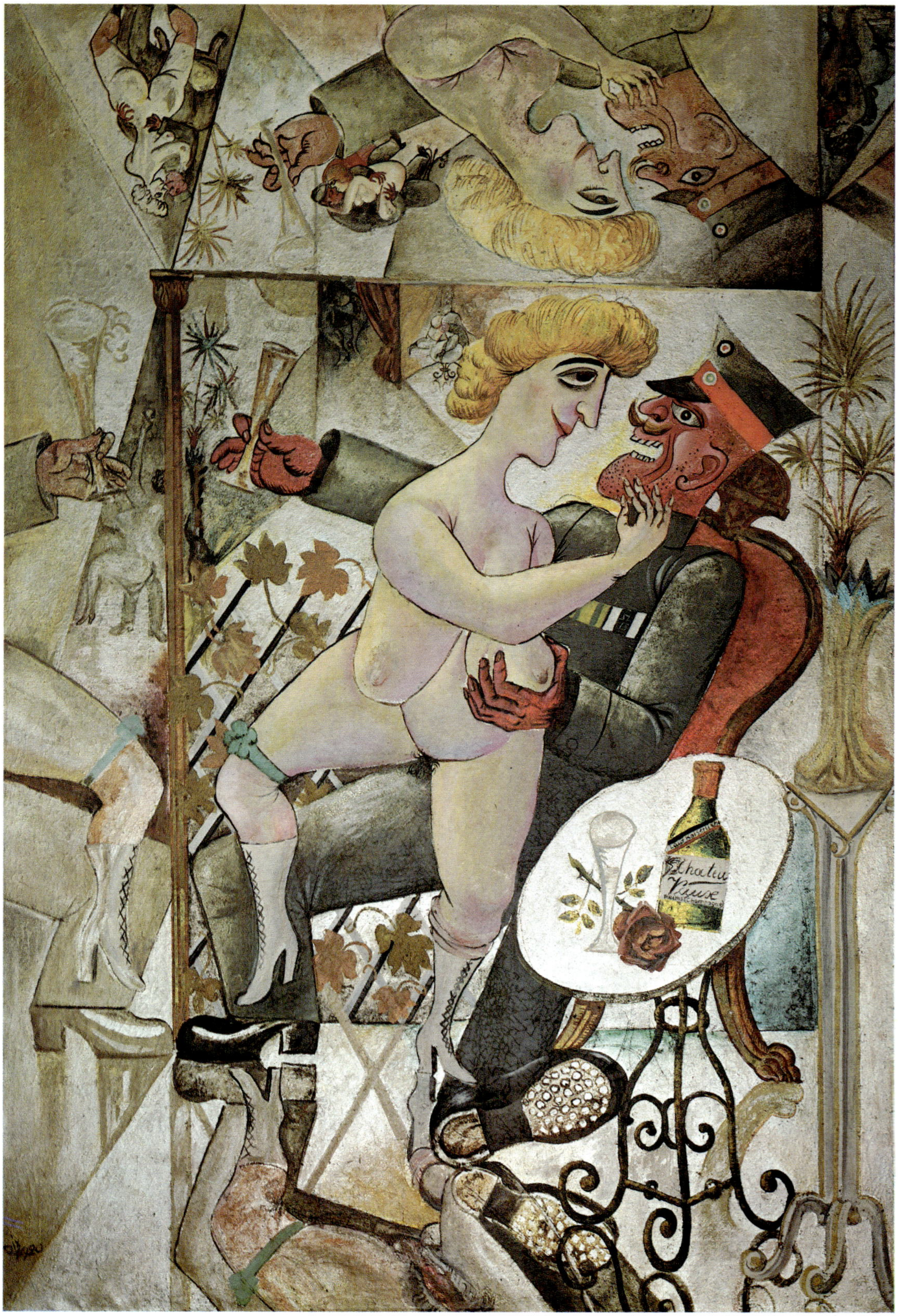

Erinnerung an die Spiegelsäle in Brüssel, 1920. Öl auf Leinwand, 124 × 80,4 cm
Privatbesitz

ihm bereits im April 1922 das verlockende Angebot eines »Meistbegünstigungsvertrags« gemacht hatte. Dix willigte in den Vorschlag Nierendorfs ein, seine kunsthändlerische Alleinvertretung zu übernehmen. Er sollte dies nicht bereuen, denn Nierendorf setzte sich nachhaltig für das Dixsche Oeuvre ein, indem er immer neue Verbindungen zu Kunstfreunden und Sammlern knüpfte. So verlegte er 1925 unter anderem den in fünf Mappen zu je zehn Blatt in einer Auflage von 75 Exemplaren erschienenen Radierzyklus *Der Krieg*, dessen Verkauf sich trotz der starken Resonanz schwierig gestaltete. Die Museen hielten den Preis von 700 bzw. 1000 Mark für zu hoch, die Darstellungen teilweise für zu provozierend. Auch der Verkauf des vom Publikum spektakulär aufgenommenen Gemäldes *Schützengraben* (das Werk ist verschollen, es wurde wahrscheinlich 1939 von den Nazis im Hof der Hauptfeuerwache in Berlin verbrannt) an das Kölner Wallraf-Richartz-Museum war sein Verdienst. Zuverlässig und beharrlich engagierte sich Nierendorf für Dix, ungeachtet zeitweise auftretender, in einer derartigen Interessengemeinschaft unvermeidbarer Meinungsverschiedenheiten. Am 1. April 1926 schloß er gar mit Dix einen elf Paragraphen umfassenden Vertrag, der die Übernahme der gesamten geschäftlichen Vertretung für ein Jahr vorsah. Dix kündigte diesen Vertrag vorzeitig am 30. Januar 1927, da er Aussicht hatte, im Frühjahr 1927 eine Professur an der Dresdner Akademie zu erhalten. In Berlin wohnten Dix und seine Frau am Kaiserdamm. Die Miete hatte der Schwiegervater, Direktor Lindner, für sieben Jahre im voraus geleistet. Das Atelier von Dix lag zunächst im Haus der früheren Kunstgewerbeschule in der Prinz-Albrecht-Straße, später am Kurfürstendamm 190.

Das Berlin der Stabilisierungsphase der Nachkriegszeit war erfüllt von einem ruhelosen Genuß- und Kulturleben, teilweise Reaktion auf ein durch den Krieg bedingtes Nachholbedürfnis. Dix und seine Frau beteiligten sich daran, Dix sowohl als Erlebender wie auch als Chronist und Analytiker der Ereignisse. Zum ausgedehnten Berliner Freundeskreis zählten die Maler Lovis Corinth, Emil Orlik, Max Oppenheimer, genannt MOPP, und George Grosz. Auch zu Alfred Flechtheim, dem Kunsthändler, den Dix 1926 portraitierte, verstärkten sich die bereits in Düsseldorf geknüpften Beziehungen. Flechtheim war neben seiner Tätigkeit als Kunsthändler von 1921 bis 1924 Herausgeber der »Illustrierten Literatur- und Kunstzeitschrift ›Der Querschnitt‹«, einem inzwischen wertvollen kulturgeschichtlichen Dokument.

Berlin und die Bohème-Typen des Romanischen Cafés sind heute legendäre Stichworte, um Höhepunkte des hektischen, grellen Berliner Großstadtlebens der »Roaring Twenties« in Erinnerung zu rufen. Dix malte die auffälligsten Stammgäste des Cafés: den baltischen Dichter Ivar von Lücken als verkannt armseligen Dachstubenpoeten zum Beispiel. Heftigst prallen dessen lyrische Traum- und Wunschwelt und seine dürftige reale Existenz, von Dix mittels einer Rose in einer Bierflasche symbolisiert, aufeinander. Eine andere unübersehbare Figur war die Bohème-Intellek-

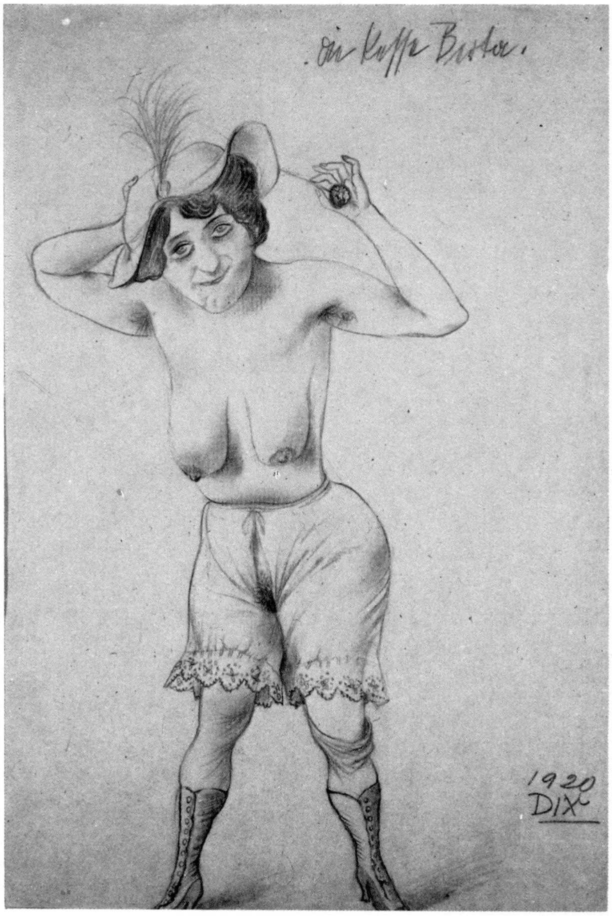

Die kesse Berta, 1920
Bleistift, 43,8 × 30,9 cm. Privatbesitz

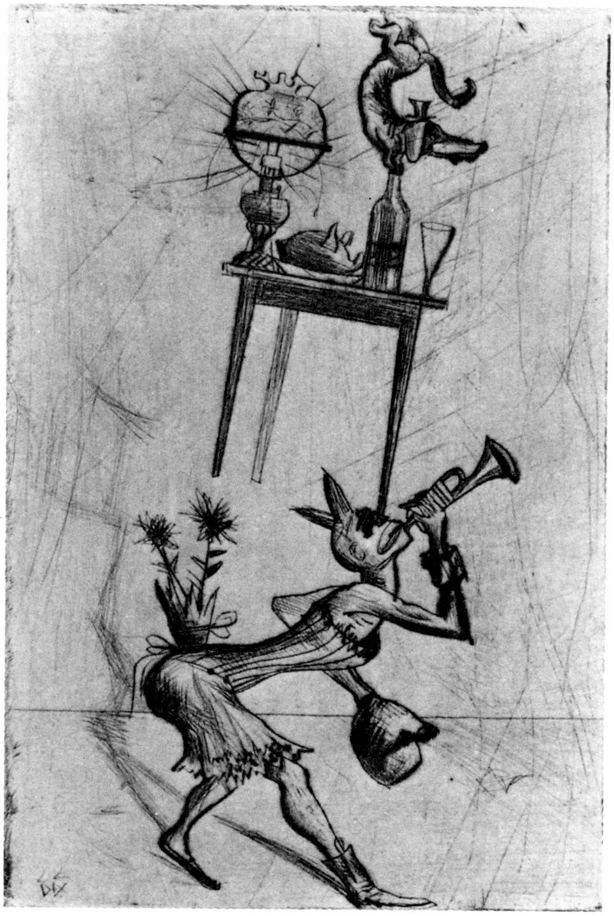

Balanceakt, 1922
Radierung aus »Zirkus«, 29,9 × 19,7 cm
Privatbesitz (Karsch 35 II)

tuelle Sylvia von Harden (siehe S. 68). Dix portraitierte sie vor ihrem Kaffeehaustisch sitzend, einen Cocktail und das aufgeklappte Zigarettenetui samt zugehöriger Streichholzschachtel vor sich. Sie trägt den Garçonne-Schnitt der »Emanzipierten«, ein großkariertes Sackkleid und Monokel im Auge. In der riesigen knochigen Hand hält sie die Zigarette, unvermeidbares »Attribut« der Intellektuellen und Literaten. Das herausragendste Portrait einer Bohème-Existenz jener Berliner Jahre war jedoch das der skandalumwitterten Tänzerin Anita Berber. Es entstand 1925 noch in Düsseldorf, kurz vor Dix' Weggang nach Berlin.

Nach Leo Lanias Romanbiographie, die die meisten bisher auffindbaren Angaben zu Anita Berbers Leben enthält, wurde diese 1899 in Dresden als Tochter eines bekannten Violinisten und einer Sängerin geboren. Nach klassischer Tanzausbildung bei Rita Sacchetto hatte sie ihren ersten öffentlichen Auftritt mit der Tanzgruppe Sacchetto am 14. Februar 1916. Weiteren Gruppenauftritten folgte bereits 1919 ein erstes Solisten-Engagement am Berliner Apollotheater, ein weiteres bei Nelson; zusätzlich hatte sie Auftritte im Berliner Wintergarten. Als Nackt- und Showtänzerin mit schnell wachsender Bekanntheit trat sie in der Folgezeit in allen Berliner Vergnügungspalästen auf, so in der »Weißen Maus«, und auch in sogenannten Untergrundlokalen wie der »Pyramide«. In einem der geheimen Spielclubs in Berlin lernte sie den Tänzer Sebastian Droste kennen, unter dessen eher destruktiven Einfluß sie geriet. In der Folgezeit ging sie mit ihm auf Tourneen durch alle großen deutschen Städte, und auch nach Wien, Prag, Budapest; immer mit von Skandalen begleitetem Erfolg. Droste choreographierte ihre Tänze, die er als Gedichte entwarf. Später trennte er sich von Anita, um nach Amerika zu gehen. Sie heiratete Henri Chatin-Hofmann, ebenfalls einen Tänzer, mit dem sie im Juli 1927 auf Tournee durch den Nahen Osten ging. Inzwischen war sie immer stärker kokain- und morphiumsüchtig geworden; sie prostituierte sich nebenbei, um die Drogen zu finanzieren, trank, wie Martha Dix erzählte, »vor jedem Auftritt eine Flasche Cognac« und versorgte die Skandalpresse regelmäßig mit neuen Sensationen bezüglich lesbischer Liebesaffairen, Schlägereien, Verhaftung, Landesverweis. Auf der Tournee durch den Orient mit Henri Hofmann brach sie am Abend des 13. Juli 1928 nach einer radikalen Entziehungskur auf der Bühne zusammen. Sie starb am 12. November im Bethanien-Krankenhaus in Berlin. Erwähnenswert in ihrer Biographie sind außerdem ihre Engagements in Filmen von Richard Ostwald wie »Cagliostro«, »Unheimliche Geschichten«, »Prostitution«.

Das Portrait ist in Tempera und Öl auf Sperrholz gemalt; seine Maße sind 120 × 65 cm. Bezeichnet ist es unten rechts mit einem Dixschen Monogramm und der Jahreszahl 1925. Zu seiner Arbeitsweise des Portraitierens gibt Dix selbst noch einige aufschlußreiche Hinweise:

»Meist habe ich vor dem Modell eine genaue Zeichnung gemacht, dann folgte nach der Übertragung auf die Leinwand die Untermalung auch nach dem Modell. Danach kam erst das Eigentliche: Das Malen ohne Modell. Ich habe erfahren, vor dem Modell, da sieht man hier noch was und da etwas und dieses und jenes — und allmählich wird alles immer schlechter und viel zu kompliziert — immer weniger einfach und groß. Infolgedessen kam ich dazu, das sein zu lassen, die Arbeit ohne Modell fertig zu machen. Das ist viel richtiger. Da geht sie ja erst los, die Arbeit.«

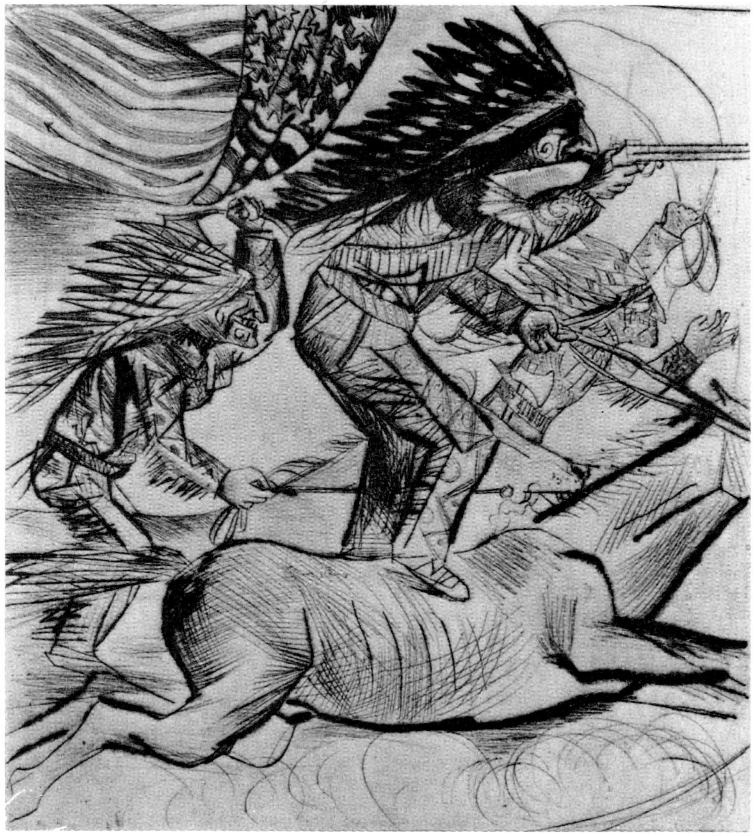

Amerikanischer Reitakt, 1922
Radierung aus »Zirkus«, 34,7 × 30,9 cm
Privatbesitz (Karsch 38 II)

Durch diese für seine Portraits typische Vorgehensweise und durch die Technik des dünnen, transparenten Farbauftrags in »Lasuren« erreichte Dix die größtmögliche Prägnanz in der Wiedergabe der Darstellung. Die mühsame, langwierige Lasurtechnik trug außerdem durch ihre Entstehung aus übereinandergelegten Farbschichten dazu bei, die Wirkung der Körperlichkeit zu erhöhen. Im Portrait der Anita Berber konzentrierte sich Dix ausschließlich auf die Wiedergabe ihres Körpers und dessen Einbindung in die vielfältig differenzierte Rotfarbigkeit des Hintergrunds. Oberkörper und Arme sind weit prägnanter als die Beinpartie modelliert. Durch diese reich nuancierte Partie von Oberkörper, Armen und Gesicht scheint Anita Berber wie aus dem »Nichts«, ohne real festzumachende Basis, emporzutauchen. Die sehr enge Standposition ermöglicht die extreme Verlagerung der Hüfte nach rechts außen, der die Schulterdrehung nach links vorne mit dem herausfordernd auf die Hüfte aufgestemmten Arm spannungsvoll korrespondiert. Der rechte Arm ist eng an die Körperseite hinabgeschmiegt, in einer von Dix formal überbetonten Biegsamkeit, die ihn wie »knochenlos« erscheinen läßt und den Eindruck von Geschmeidigkeit und Schlangenhaftigkeit dieses Körpers hervorhebt. Das enganliegende, hochgeschlossene und langärmelige Kleid umspielt und betont ihre Körperlinie. Die Weichheit von Brüsten und Bauch ist durch Beimischungen von Weiß, die auch zugleich Helligkeitsakzente setzen, betont. Durch den sehr wirkungsvollen Faltenwurf des Kleides, der an der rechten Hüfte als Raffung ansetzt, wie auch durch die kleineren Falten, die der Stoff an den Armen wirft, tritt die aufreizende Beweglichkeit des Körpers noch stärker hervor.

Dix meinte einmal, nicht nur die Form, sondern auch die Farbe sei von größter Wichtigkeit und ein Mittel, das Individuelle auszudrücken. »Jeder Mensch hat seine ganz spezielle Farbe, die sich auf dem ganzen Bild auswirkt.« Die für Anita Berber (siehe S. 73) erkannte Farbe Rot hat in Dix' Bild tatsächlich eine körperlich zu nennende Eigendimension erhalten. Entscheidend ist nicht, daß sie ein ihre Körperformen raffiniert umspielendes Kleid aus fließendem roten Stoff trägt und ihr

Für Francisco de Goya, 1926
Pinsel, schwarze Tinte und Kohle auf Papier
49,8 × 35,5 cm
National Gallery of Canada, Ottawa

Mädchen vor dem Spiegel, 1922
Radierung, 35,1 × 28 cm
Städtische Galerie Albstadt
Stiftung Walther Groz
▷

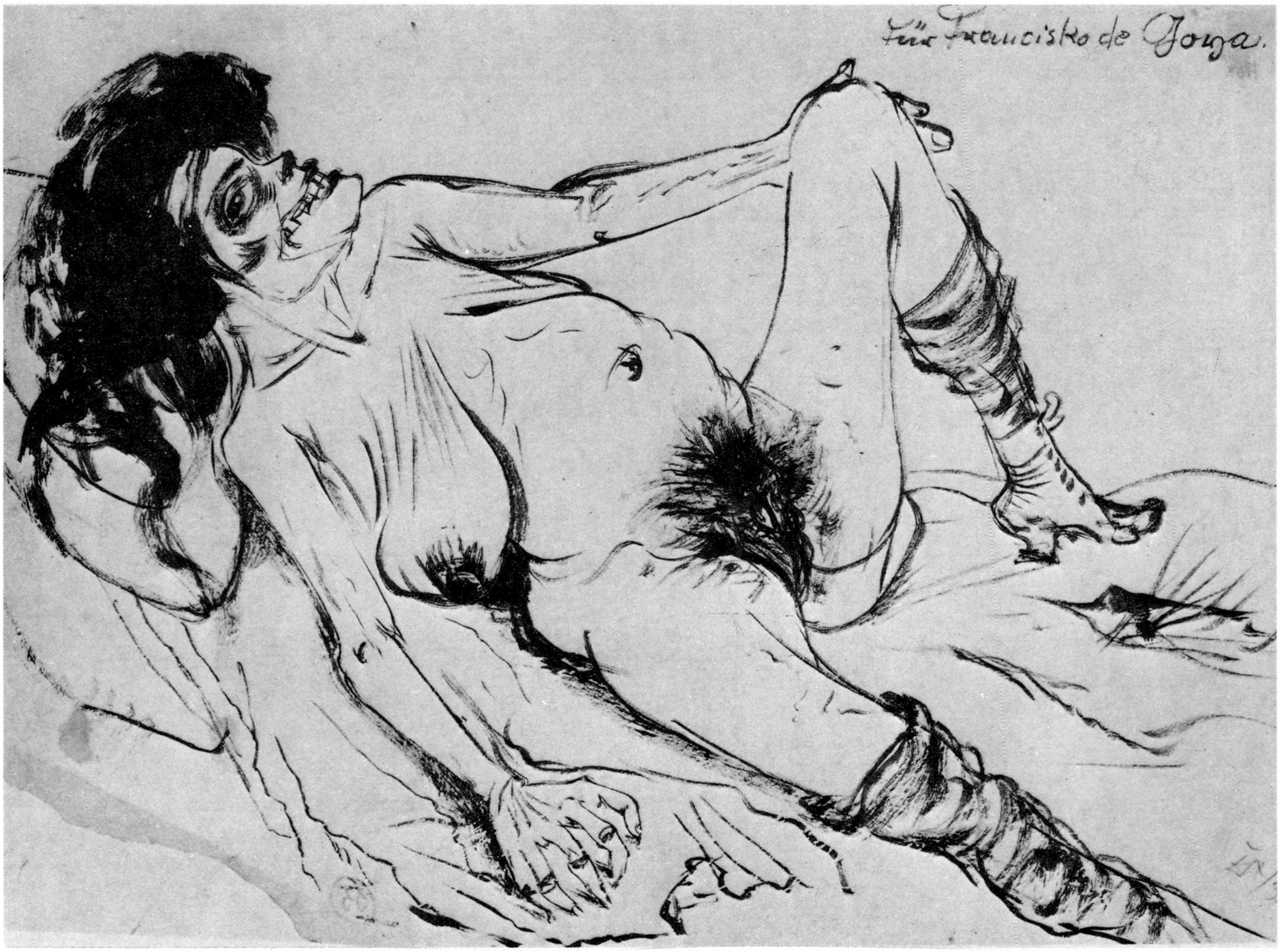

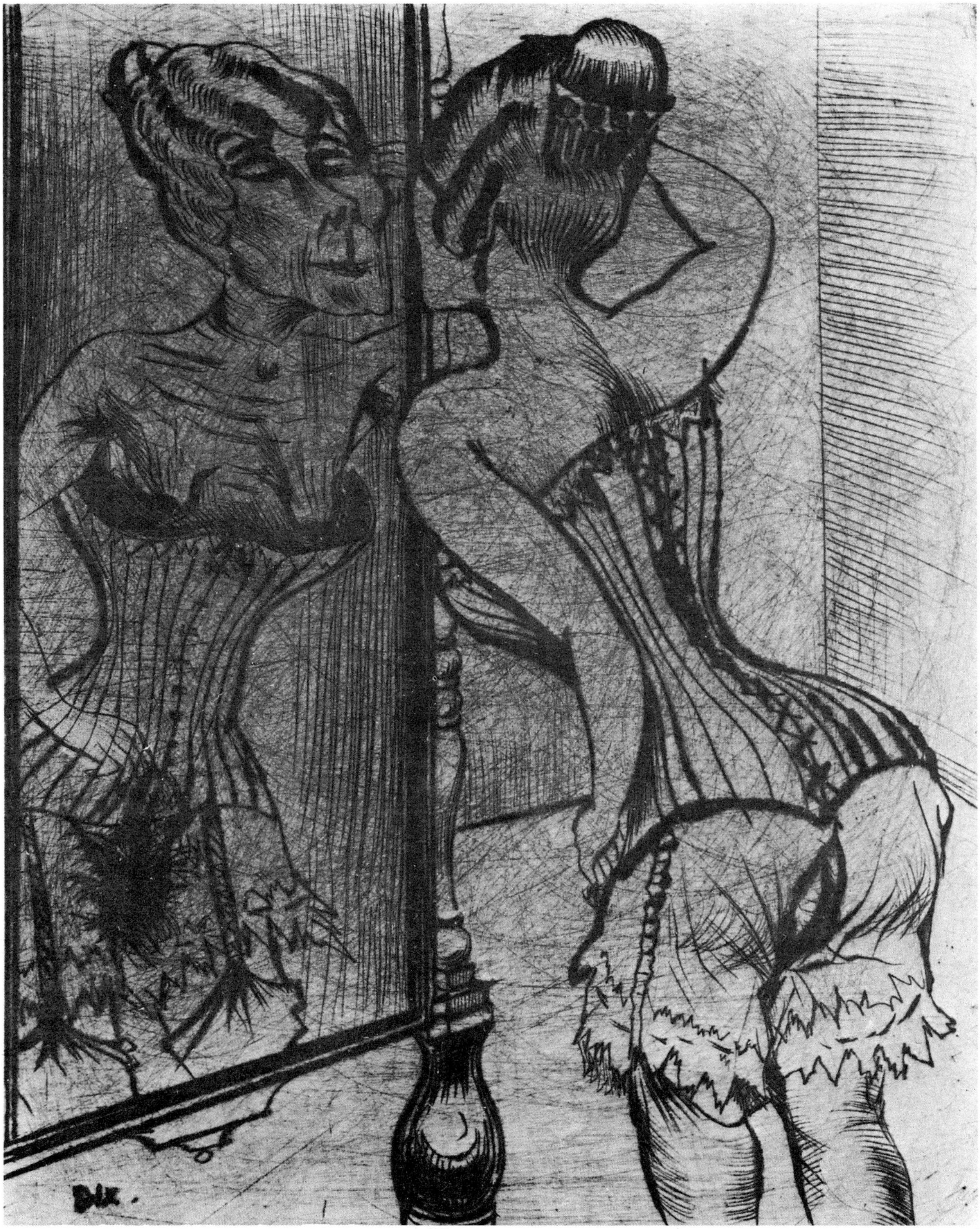
DIX

Haar rot gefärbt ist, sondern daß Dix ihren Körper gleichsam in die Farbe Rot »gekleidet« hat, bzw. ihn durch verschiedene Rottöne modellierte. Die Farbwirkung in feinsten Rottonabstufungen ist so eindringlich, daß sie sich über den Körper hinaus ausbreiten muß und den gesamten Bildhintergrund als Fortsetzung und Betonung dieser Körper- und damit auch Wesensausstrahlung Rot einnimmt.

Gesicht und Hände stellen die beiden präzisesten Merkmale individueller Charakteristik dar. Anita Berbers bläulich-fahler Teint, wie auch ihre Hände, beide von Dix in vorwiegend weißem, mit wenig Blau und Rot gemischtem Inkarnat gemalt, erwecken spontane Assoziationen an Krankheit und Verfall. Ihr Gesicht wirkt ausgezehrt, die Wangen sind eingefallen, die Augen sehr tiefliegend, und der übermalte Mund ist eigentlich schmallippig. Die starke Schminke, in dicken schwarzen Strichen um die Augen herum aufgetragen, die künstlichen Wimpern und die dünn schwarz ausgemalten Augenbrauen, ebenso wie der in dunkel-rötlichen Tönen aufgetragene Lidschatten und der blutrot à la Mode überschminkte Mund verstärken die Wirkung des Kranken bei Anita Berber und lassen sie erkennbar als von Sucht gezeichnet erscheinen. Ihr Blick ist starr, ins Leere gerichtet und erweist sich bei näherer Betrachtung als eher verzweifelt und verlassen denn als überlegen und spöttisch-kokett, wie sie sich vorzugeben bemüht. Anita Berber war ein Star ihrer Zeit, allerdings vom Typus des Vamps. In diesem Typus, wie generell im Modell des Stars, ist die Ambivalenz des sich zugleich Verbergens und Enthüllens, die Dix für Anita Berbers Individualität als prägnant erkannte, ebenfalls angelegt. Zudem erscheint Anita auf Dix' Gemälde ohne jedes zusätzliche Attribut. Sie ist allein bestimmbar durch ihren Körper. Die völlige Attributlosigkeit bedingt zusammen mit der auffallenden, kapriziösen Schlichtheit des Kleides zusätzlich die schillernde, ambivalente Aura des Stars.

Der Selbstmörder (Erhängter), 1922
Radierung aus »Tod und Auferstehung«
35,1 × 28,2 cm. Privatbesitz (Karsch 43 II)

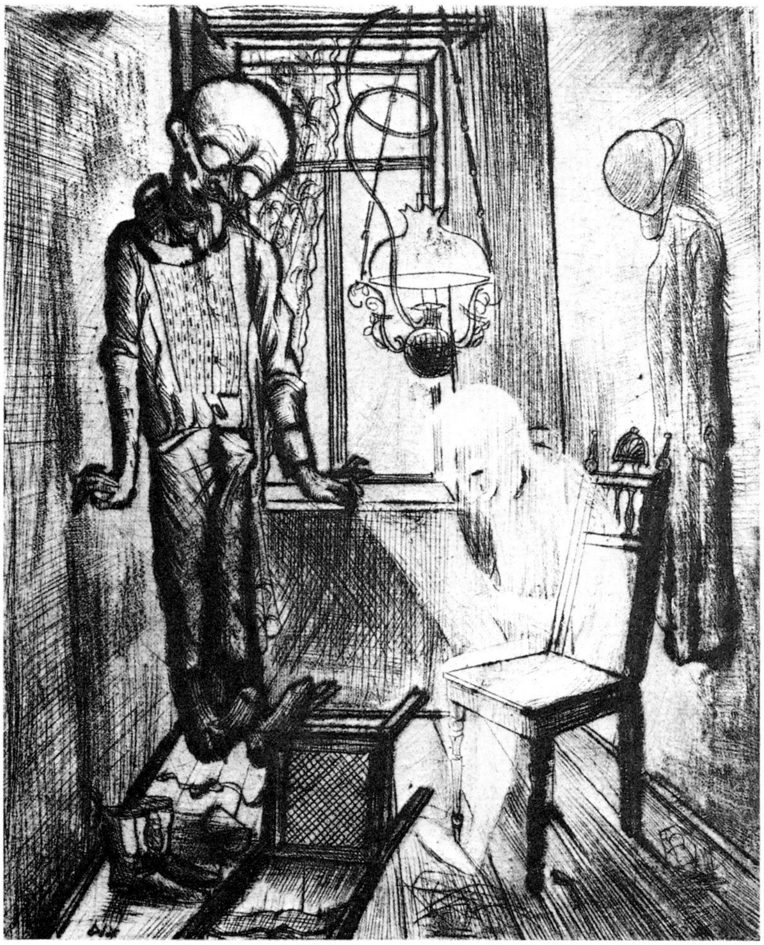

Das Thema von Eros und Tod beschäftigte Dix weiterhin. Sehr kraß formulierte er die widerspruchsvolle Spannung der beiden Pole im 1925 entstandenen Gemälde *Ungleiches Liebespaar* (siehe S. 71). Verlangen und Vergeblichkeit der Erfüllung prallen hier in der Begegnung mit der fleischlichen »Last« üppiger Weiblichkeit aufeinander. Veranschaulicht ist die Tragik der Leugnung der ständigen, notwendigen Anwesenheit des Todes im Bereich von Leben und Erotik. Der allegorische Gehalt dieses Bildes erweist sich gerade in seinem Hinweis auf die Tabuisierung des Todes, des Alters, des Verfalls in der Sphäre von Sexualität, Erotik, Leben.

Eine Professur an der Akademie führte Dix, wie gesagt, 1927 nach Dresden zurück. Insgesamt waren die Jahre bis 1933 von Freundschaften und kontinuierlichen Erfolgen geprägt. Am 11. März 1927 wurde der erste Sohn Ursus, am 10. Oktober 1928 der zweite Sohn Jan geboren. Aus beiden Anlässen entstehen eindringliche Zeichnungen sowie die Gemälde *Neugeborenes Kind auf Händen* und *Neugeborener mit Nabelschnur auf Tuch* (siehe S. 76), beide von 1927. Aus demselben Jahr datiert auch ein Familienbildnis, dessen allzu harmonische Idylle der stolze Vater durch sein halb freudestrahlendes, halb zähnefletschendes Grinsen etwas auflockert.

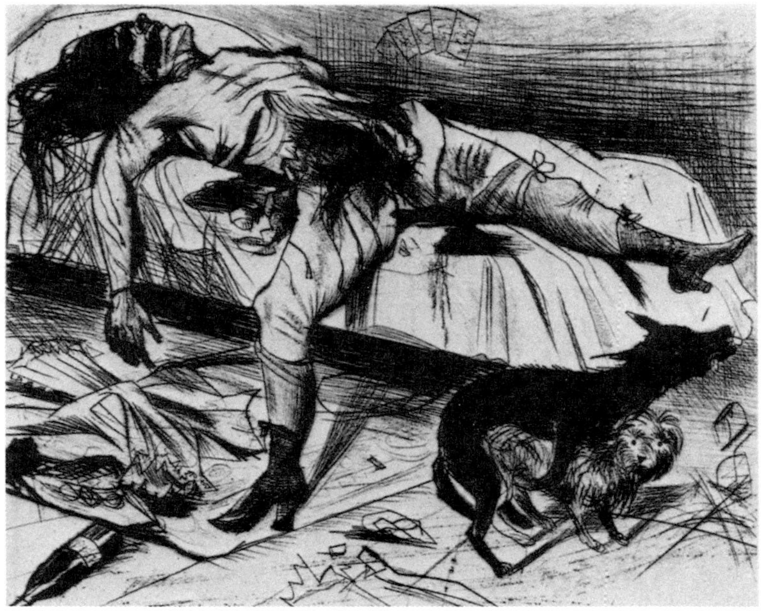

Lustmord, 1922
Radierung aus »Tod und Auferstehung«
27,5 × 34 cm. Privatbesitz (Karsch 44 II)

Im Jahr 1927 begann Dix mit dem zweiten großen Hauptwerk der zwanziger Jahre, dem Großstadttriptychon. Es resümiert seine Großstadterfahrungen nach dem Krieg und besonders während der Berliner Jahre. Zugleich ist es eine akribische Schilderung der Körperselbstdarstellung der großstädtischen Gesellschaft der Nachkriegsjahre. Erneut waren, wie auch beim vierteiligen Gemälde des Krieges, vielfache Skizzen und Vorstudien für den Entstehungsprozeß des Bildes notwendig. Es waren dies vor allem Gewand- und Beinstudien, Skizzen von Stoffdrapierungen und solche zu einzelnen Bildgegenständen wie dem Löwenkopf oder dem Saxophon. Neben diesen arbeitete Dix drei Kartons in den Größenverhältnissen des fertigen Bildes aus, exakte Zeichnungen, die die Komposition bereits bis in Einzelheiten vorgaben. Der Grund für diese langen Vorarbeiten war auch jetzt wieder durch die lasierende Tempera-Öl-Technik mit ihren komplizierten Arbeitsvorgängen gegeben. Dix war von dieser Technik aufgrund der Transparenzwirkung ihrer Farben fasziniert. In diesem Zusammenhang setzte er sich auch mit der komplementären Entstehungsweise der Farben auseinander, besonders anhand der Goetheschen Farbenlehre. Vorrangig beschäftigte ihn die Verschiedenheit von Farbwerten je nach ihren Korrespondenzen miteinander:

> Also wenn ich jetzt hier ein Rot hinsetze, nicht wahr, was kalt ist, und setze dagegen Blau, so wird das kalte Rot warm. Also. Und die, diese Erscheinung, dieses Sichverwandeln der Farbe, das ist nicht etwa etwas, das konstant ist, sondern was fortwährend wechselt. Jetzt gucken Sie das Rot für sich an — auf einmal ist das Rot ganz anders, verstehen Sie. Das ist ein fortwährendes Fluktuieren. Das Auge erzeugt eigentlich die Farben.

Auch im Großstadtbild legt er großen Wert auf die Erzeugung von Fluktuation. (»...damit das genau dieses Fluktuierende, dieses Unbestimmte wird. Das schwebt.«) Technisch entsteht die Fluktuationswirkung jeweils durch die Transparenz der Farben innerhalb der einzelnen Lasuren. Nahezu als einziger arbeitete Dix kontinuierlich seit etwa 1923 in der aufwendigen Lasurtechnik der altdeutschen Tafelmalerei des 16. Jahrhunderts. Unzweifelhaft auch aus der Verwendung dieser, in der Tradition vorwiegend sakraler Malerei stehenden Technik für zeitgenössisch-»weltliche« Inhalte der zwanziger Jahre, resultiert ein Teil der eigenartigen, spezifischen Spannung seiner Bilder. Die Technik der »Schichten« schafft zudem eine gewisse Distanz zu den Darstellungsgegenständen. Das Element des Spontanen im Malvorgang ist weitgehend eliminiert. Dies ermöglicht eine außerordentliche Konzentration auf die Gegenstände selbst, die um so prägnanter und kritischer, da disziplinierter abgebildet werden können. Zugleich entspricht das Vorgehen in »Schichten« auf technischer Ebene dem »zerlegenden« Charakter der großstädtischen Wahrnehmung und dem »zerlegten« Zeitverständnis (siehe S. 78-79).

Tatsächlich muß man sich einmal über die Eigenart von Großstadtwahrnehmung klarwerden, um den Reiz zu verstehen, den sie für Dix hatte. Verbunden mit den mannigfachen gebotenen Impulsen für Wahrnehmungen und Sinne war eine »Steigerung des Nervenlebens, die aus dem ununterbrochenen Wechsel innerer und äußerer Eindrücke hervorgeht«. Treffend beschreibt der Philosoph Georg Simmel so in den zwanziger Jahren ein Hauptmerkmal großstädtischen modernen Daseins. Für Walter Benjamin ist Großstadtwahrnehmung ausgezeichnet durch ihre »momenthafte, elektrisierenden Chocs verwandte Wirkung«. Allgemein läßt sich sagen, daß Wahrnehmung und Zeitbegriff in der Großstadt, in der sich der Konsum von Waren potenziert, geprägt sind durch »Momentbezogenheit«. Diese ergibt sich aus einem Überangebot für Sinne und Körper. In unzusammenhängender Geschwindigkeit ereignen sich ständig voneinander nicht betroffene Geschehnisse. Inhaltlich haften diesem Zeitbegriff Phänomene der Abnützung, des rasenden Verbrauchs an. Dix stand diesen Erscheinungen mit Faszination und Distanz zugleich gegenüber. Sein Bild beschreibt unter anderem diese großstädtischen Mechanismen von Konsum und Verbrauch. Vor allem aber widmete sich Dix auf drei verschiedenen Ebenen, gegliedert durch den dreiteiligen Triptychon-Aufbau, der Darstellung der Verschiedenartigkeit von Körperrepräsentation in der Gesellschaft der Nachkriegsjahre. Der Bildmittelteil, in seiner erkennbaren Atmosphäre des Luxus, den eine aus Bohemiens und reichen Bürgern gemischte Müßiggängerklasse vergegenwärtigt, wird von zwei jeweils halb so breiten Flügeln eingerahmt, auf denen Frauen der Demimonde im rechten und »einfache« Prostituierte der Straße im linken möglichst effektvoll auftreten. Der mittlere Bildteil führt den Betrachter in eine Szenerie der Demonstration gesellschaftlicher Zerstreuung auf der Basis von Kapital, Luxus und Verschwendung. Die Luxus-Frauen der Mitteltafel sind sozusagen bemüht, sich zu kostbaren Warengegenständen umzuformen, eine möglichst perfekte Illusion von Glück durch Reichtum zu erzeugen. Die Frauengruppe des rechten Flügels erscheint in ihrer konsequenten Reihung, betont durch die parallel neben ihr aufsteigende »Ornament«-Architektur, als insgesamt abstraktes dekoratives Muster. Die in militärischer Formation sich eine imaginäre Treppe hinunter bzw. hinauf bewegenden Frauen stellen in Dix' Bild individuell geschmückte Edelprostituierte dar, die ihre sexuellen Reize dem Marktgeschehen gemäß offerieren. Dix betonte den brutalen Warencharakter von Sexualität hier kraß, indem er Pelz und roten Überwurf der Frau im Vordergrund als eindeutige Insignien des weiblichen Geschlechtsteils gestaltete. Die Frau hinter ihr »verkörpert« das zweite sexuelle Reizsignal durch ihren weitgehend unverhüllten Busen, der sich fortzusetzen scheint in den monströsen Stoffbäuschen um ihre Handgelenke.

Das »niedrige« Bordellmilieu ist auf dem linken Flügel durch eine Gasse mit Pflastersteinen, einen Brückenpfeiler aus roten Ziegeln, hinter dem die Geschäfte abgewickelt werden, und durch den Pseudoprunk der billigen Kleiderfähnchen der Prostituierten zutreffend charakterisiert. Hier erweist sich die Sexualität des Körpers am unverhohlensten in der Reduktion auf dessen Warenwert. Zugleich wird der für alle drei Bildabschnitte festgestellte Mechanismus der Käuflichkeit in seiner Simplizität deutlich. Im linken Flügel wird also die »drastische Form« eines vom Intellekt dominierten, gesellschaftsprägenden, versachlichenden Umgangs mit den Körpern beschrieben. Im rechten Bildteil äußert sich Körperdarstellung auf einer verfeinerten Ebene des zu sexuellem Konsum gemachten dekorativen Angebots, auf der Ebene des käuflichen Freizeitvergnügens, und im Bildmittelteil am unterschwelligsten auf der Ebene des verabsolutierten Genusses.

In den Jahren bis 1933 entstanden weitere Selbstbildnisse sowie 1927 das Portrait des Dichters Theodor Däubler, 1932 das Bildnis des Schauspielers Heinrich George und 1930 das Gemälde *Melancholie*. 1933, im Jahr der Machtergreifung Hitlers, wurde Dix fristlos aus dem Lehramt an

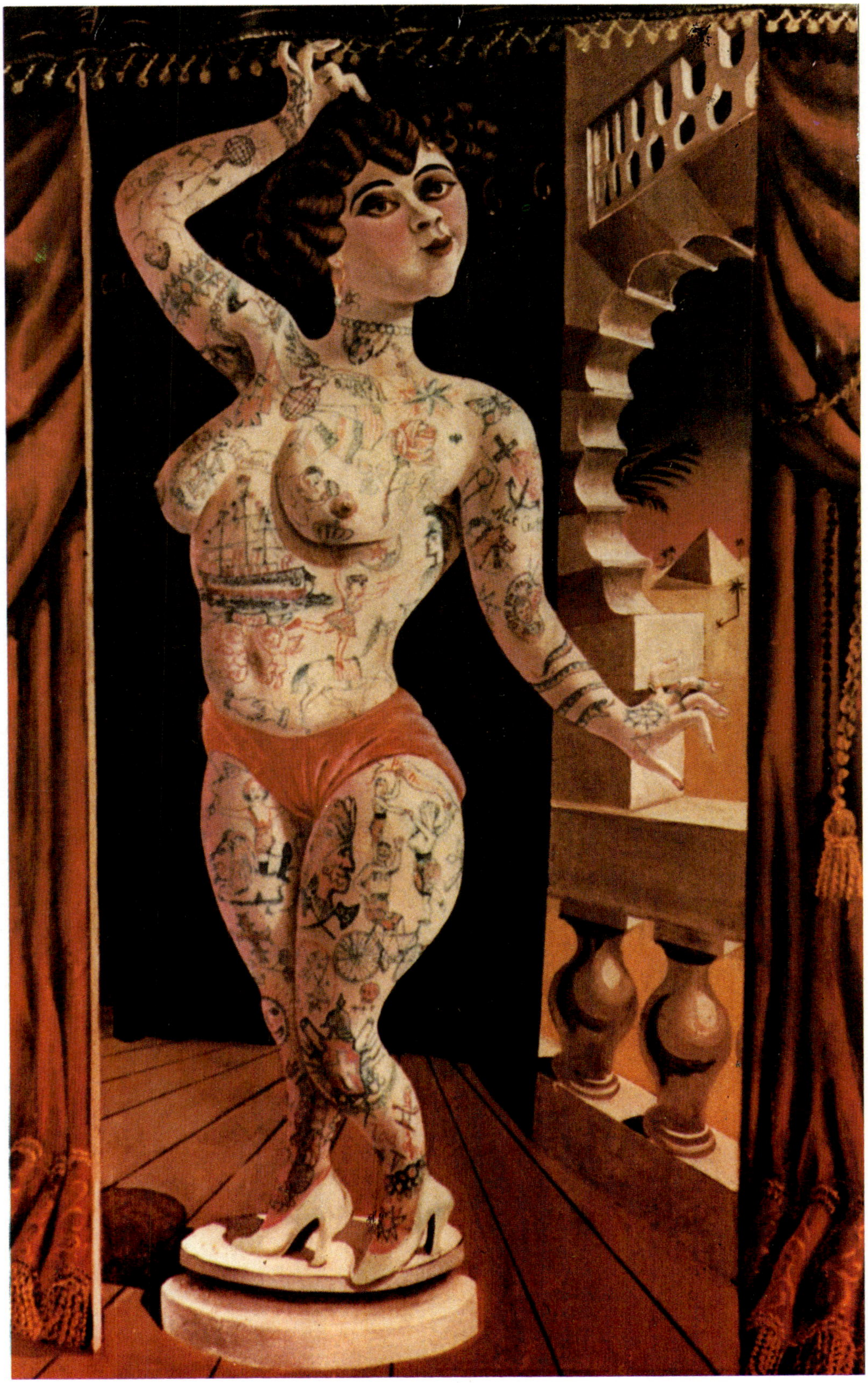

SULEIKA, DAS TÄTOWIERTE WUNDER, 1920. Öl auf Leinwand, 162 × 100 cm
Privatbesitz

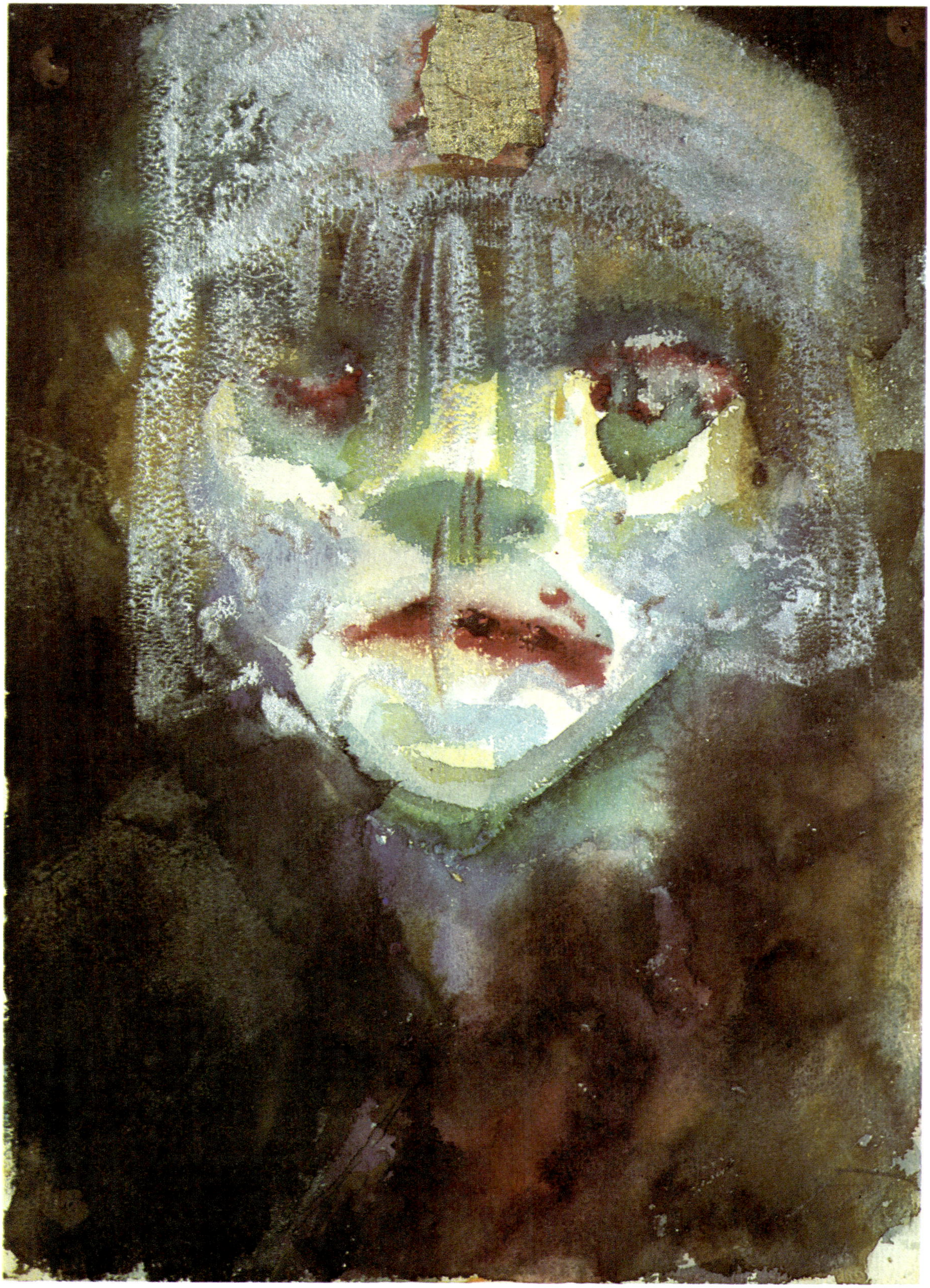

NÄCHTLICHE ERSCHEINUNG, c. 1923
Aquarell und violetter Farbstift, 34,5 × 25 cm
Privatbesitz, Italien

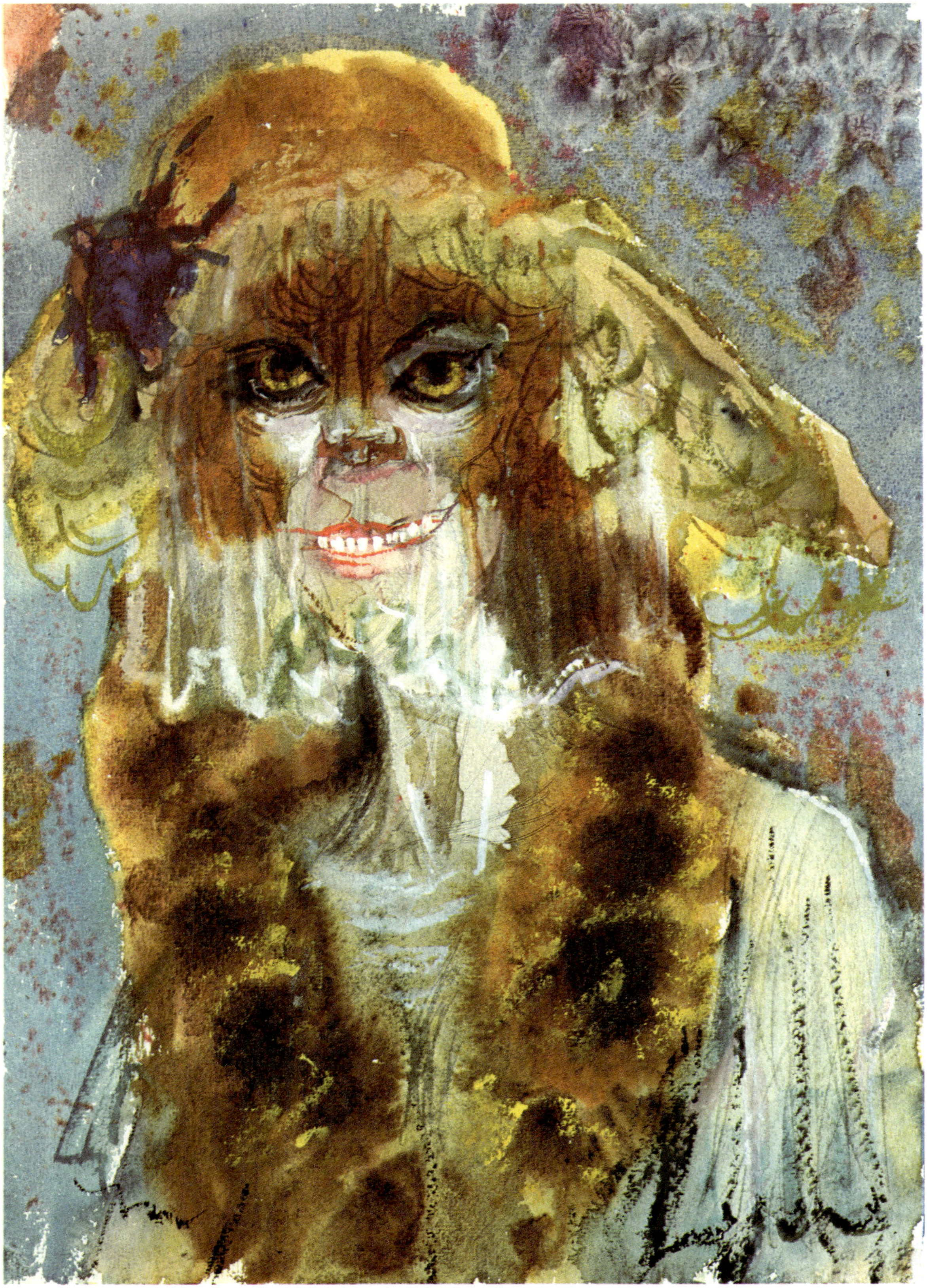

Ellis, 1922
Aquarell und Deckfarbe, 38,2 × 27,6 cm
Städtische Galerie Albstadt. Stiftung Walther Groz

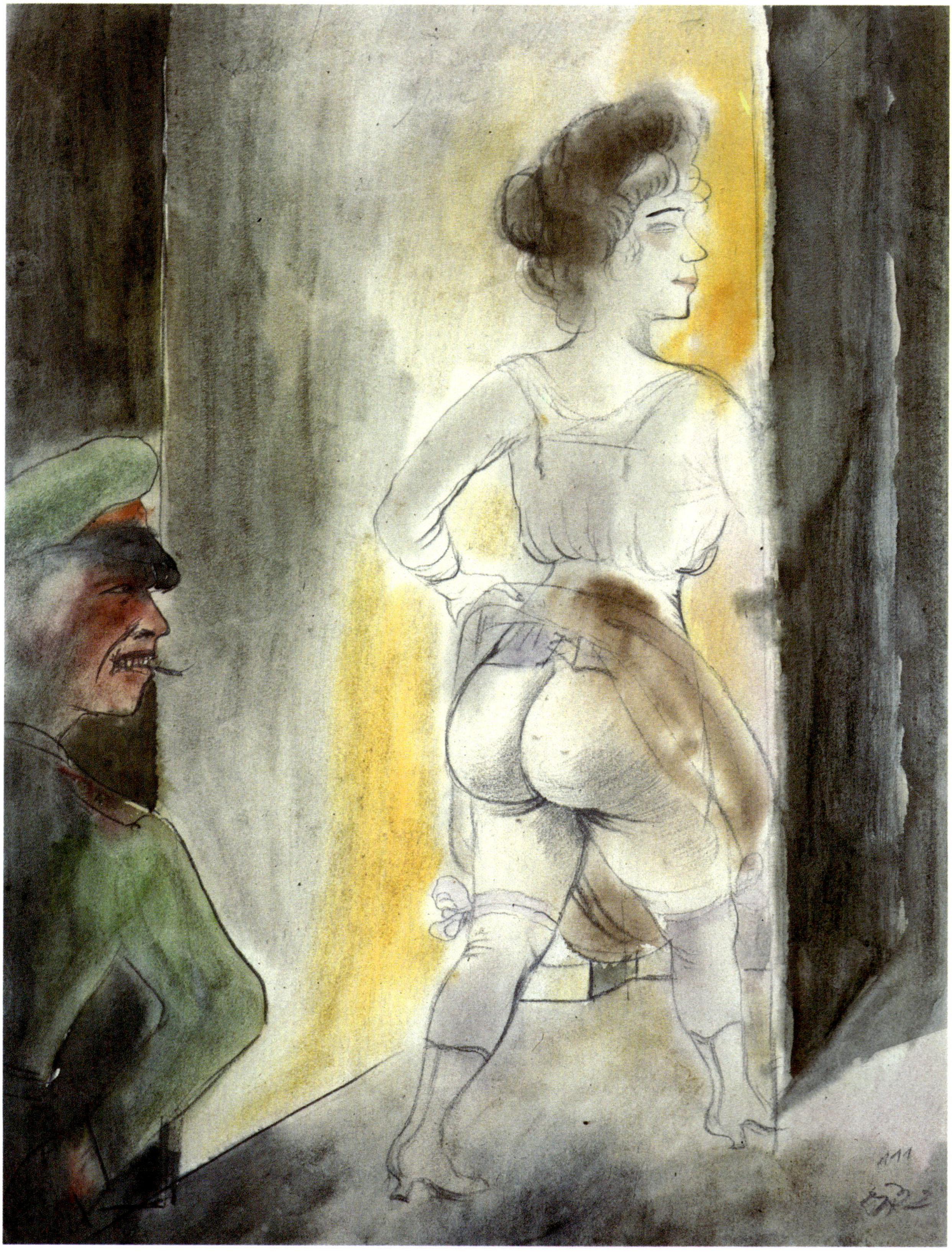

Ich in Brüssel, 1922. Aquarell über Bleistift, 49 × 36,8 cm
Otto Dix Stiftung, Vaduz, Liechtenstein

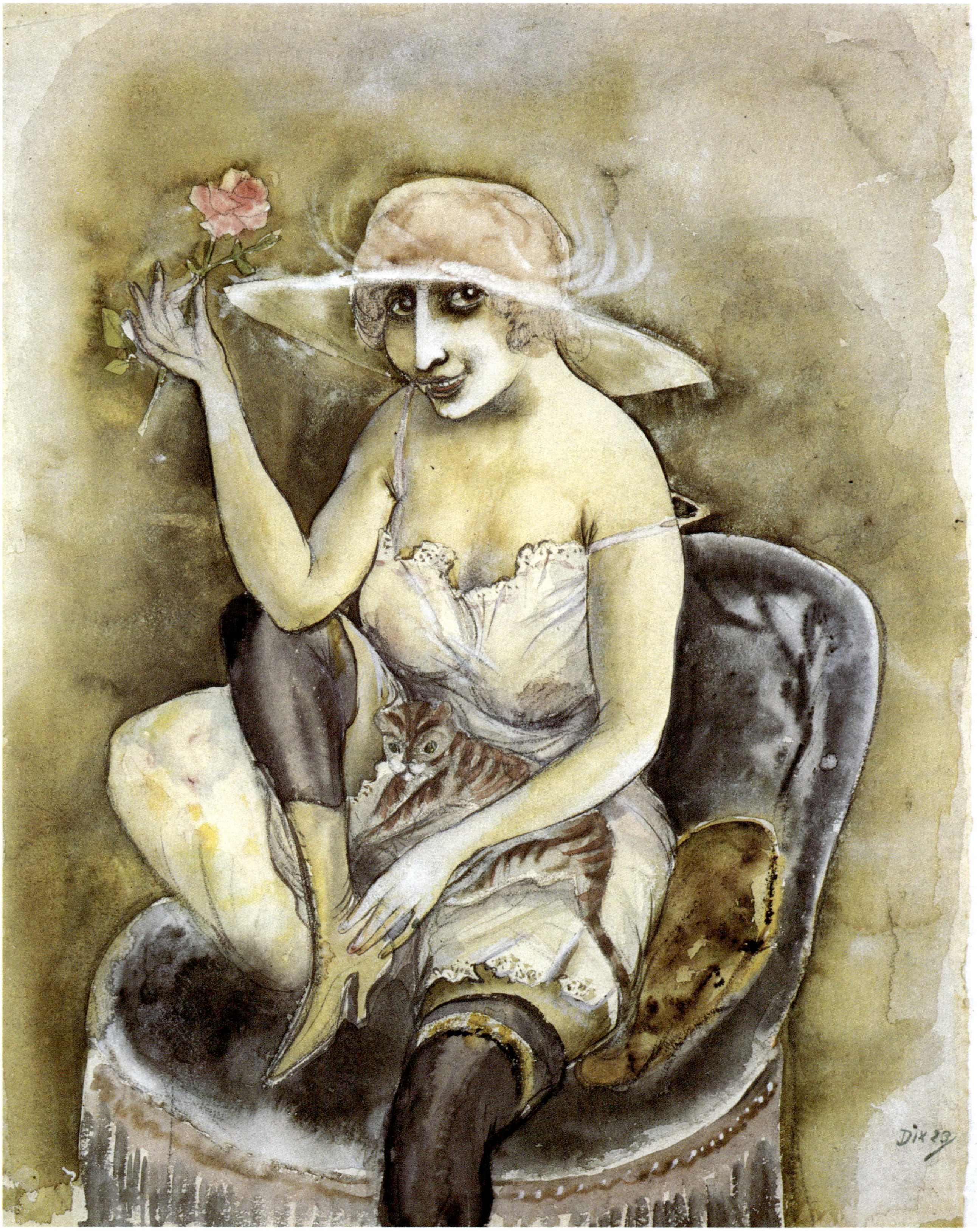

Mädchen mit Rose, 1923. Aquarell, 61 × 48,5 cm
Privatbesitz

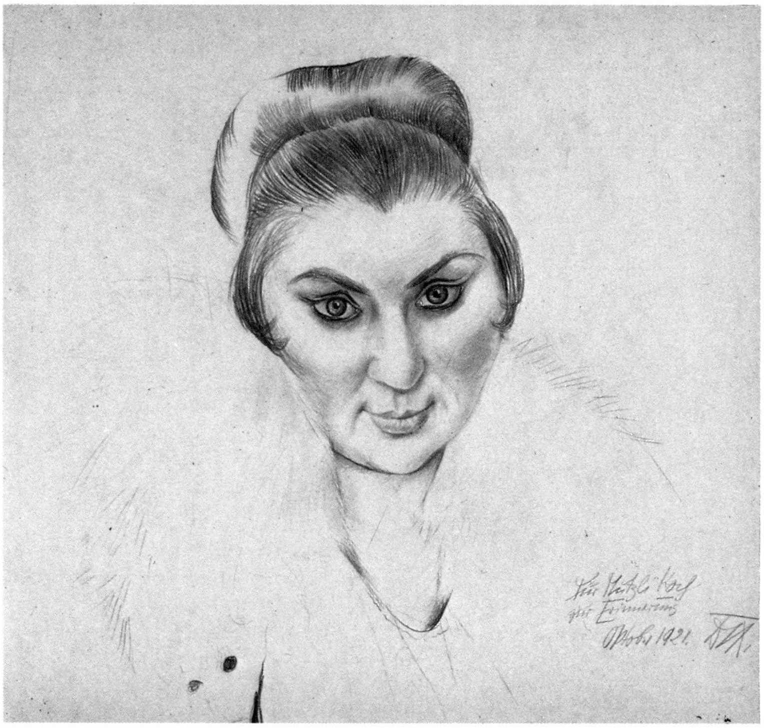

Mutzli Koch, 1921. Bleistift, 50,5 × 52,9 cm
Otto Dix Stiftung, Vaduz, Liechtenstein

der Preußischen Akademie der Künste in Dresden entlassen. Die offizielle Begründung für die Maßnahme, daß sich unter seinen Bildern solche befänden, die das sittliche Gefühl des deutschen Volkes aufs schwerste verletzten und andere, die geeignet seien, den Wehrwillen des deutschen Volkes zu beeinträchtigen, kommentierte Dix 1966 folgendermaßen:

Mir wurde mitgeteilt, daß ich die Akademie nicht mehr zu betreten habe. Dabei hatte ich meine Arbeiten alle noch drin. Aber: Ich mußte sofort raus! In Sachsen wurde es finster. Die sind ja ganz besonders fanatisch einerseits; und auf der anderen Seite sind sie sozusagen gemütlich.

Noch im Sommer 1933 erlebte Dix anläßlich einer Ausstellung der Neuen Dresdner Sezession, die ihn als Gast eingeladen hatte, einen beachtlichen Erfolg mit einer Auswahl von Kinderbildnissen. Die Lage wurde jedoch für ihn und seine Familie immer gefährlicher. Die erste Ausstellung »Entartete Kunst der System-Zeit« wurde im September unter dem Titel »Spiegelbilder des Verfalls« im Lichthof des Dresdner Rathauses eröffnet. Im selben Jahr fand im November in Stuttgart eine Ausstellung »Novembergeist, Kunst im Dienste der Zersetzung« statt. Auf Veranlassung der Amtsleitung Kultur der Reichspropagandaleitung wurde 1937 eine zweite Wanderschau »Entartete Kunst« in München, Berlin, Leipzig, Dresden und Düsseldorf gezeigt. Von Otto Dix, der seit 1934 Ausstellungsverbot hatte, waren 260 Werke aus deutschen Sammlungen beschlagnahmt worden, darunter die beiden Gemälde *Kriegskrüppel* und *Schützengraben.*

Im Herbst 1933 übersiedelte Dix mit seiner Familie an den Bodensee. Nach einem fast dreijährigen beschwerlichen Aufenthalt auf Schloß Randegg bei Singen im Hegau ließ er sich schließlich 1936 in Hemmenhofen im eigenen, neuerbauten Haus nieder. Noch 1933 begann er das allegorische Gemälde der *Sieben Todsünden* (siehe S. 70). Die Personifikationen der Laster haben sich als Verderbnis bringende Horde zusammengerottet. Auf der gebückten Gestalt der alten Hexe, der Allegorie des Geizes, hockt eine winzige, zwergenhafte Figur, die den Neid verkörpert. Den Hitlerbart in ihrem Gesicht hatte Dix natürlich erst nach 1945 hinzugefügt. Hinter den beiden das restliche sündige Aufgebot: Der Tod in der Gestalt der Trägheit des Herzens, der Teufel als »Zorn«, das Weib, Symbol der »Unzucht«, die »Hochmut« mit einem afterartigen Maul und eine bizarre Figur mit topfartiger Kopfbedeckung als »Völlerei«. An einer zerfallenden Mauer ist ein Satz aus Nietzsches »Also sprach Zarathustra« zu entziffern: »Die Wüste wächst, weh dem, der Wüsten birgt!« Es bedarf kaum eines zusätzlichen Kommentars, um die vehemente Zeitkritik zu begreifen, die Dix in diesem Gemälde in verschlüsselter Form beabsichtigte. Ein weiteres, das 1934/35 gemalte Bild *Triumph des Todes* ist ein geradezu irrlichternder bildnerischer Abgesang auf die im Machtrausch aus den Fugen geratenen Zeitverhältnisse. Noch zwei weitere Gemälde, die *Versuchung des heiligen Antonius* von 1937 sowie *Lot und seine Töchter* von 1939, sind gesellschaftskritisch gemeinte Allegorien. In beiden spiegelt sich in der bis an die Grenze des Kitsches gehenden gewählten Farbigkeit mit ihren »giftigen« Tonalitäten, in der gewollten Süßlichkeit der Frauenfiguren wie auch der bombastisch übertriebenen, an pathetische Kulissen von Wagner-Opern erinnernden Wiedergabe der Landschaft der von Dix leidvoll empfundene Größenwahn der Zeit wider. Im Hintergrund von *Lot und seine Töchter* vergegenwärtigte Dix visionär das brennende Dresden: Die Bauwerke der Brühlschen Terrasse mit der Kuppel der Frauenkirche und dem grazilen Turm der von Chiaveri erbauten Hofkirche sind deutlich erkennbar. Genau sechs Jahre später, 1945, sollte Dresden tatsächlich in Flammen aufgehen.

Die dreißiger und vierziger Jahre stellen eine Ausnahmephase in Dix' Schaffen dar. Unübersehbar zeigt sich in den Werken jener Jahre eine innere Entwicklungs- und Arbeitskrise, hervorgegangen aus den politischen Umständen. Seine Bilder galten als entartet. Neben einigen wenigen Gemälden biblischer Thematik und vereinzelten, meist lustlos gefertigten Auftragsportraits, entstanden in jenen Jahren ausschließlich Landschaftsbilder, die alle in Lasurtechnik akribisch meisterhaft ausgeführt sind. Teilweise als Vorarbeiten, teilweise als eigenständige Kompositionen schuf Dix daneben Feder- und Tuschezeichnungen, oft auf präparierten Papieren, mit Rötel und Weiß gehöht, sowie Silberstiftzeichnungen. 1938, auf einer Reise ins Engadin, malte er neben Silberstiftzeichnungen zum erstenmal seit den zwanziger Jahren wieder Aquarelle, die ihm als Vorlage für nicht weniger als zehn Gemälde dienten. Die vorrangige Konzentration auf die »altdeutsch-exakte Malweise«, wie Dix sie selbst nannte, ist ein Indiz für die existentiell belastende Ausnahmesituation, in der er sich in jenen Jahren befand. Er rettete sich sozusagen in die Landschaft, da er hier eine für ihn am wenigsten durch Wertungen belastete Möglichkeit des Weiterschaffens sah. So brillant und von außerordentlicher atmosphärischer Intensität die damals entstandenen Bilder auch sind, sie lassen gerade in ihrer Perfektion der Durchführung und ihrer makellosen, undurchdringlichen Schönheit oder »Glätte« dahinter verborgene künstlerische Spannungen und Verletzungen ahnen. Die Art der Beschädigung für Dix ist dabei weniger die eines explizit politisch verfolgten Künstlers. Eher ist sie Ergebnis einer bestimmten Weltanschauung, die der romantischen mit ihrem Lebensgefühl aus Geborgenheitsverlust und der Suche nach Sinn am nächsten kommt. Dix konnte sich in seiner damaligen isolierten Situation nur höchst eingeschränkt »geborgen« fühlen.

Der Stil, in dem der Künstler die ihn umgebende nähere und fernere Natur wiedergab, sowie die Technik, in der dies geschah, eben die der altdeutschen Tafelmalerei, sind zu einem Teil auf taktische Maßnahmen gegenüber der offiziellen nationalsozialistischen Kulturpropaganda zurückzuführen. Diese empfahl nämlich als »vorbildliche Werke« deutscher Landschaftsmalerei insbesondere die der Donauschule um Albrecht Altdorfer und die des Romantikers Caspar David Friedrich. Die Landschaftsauffassung der

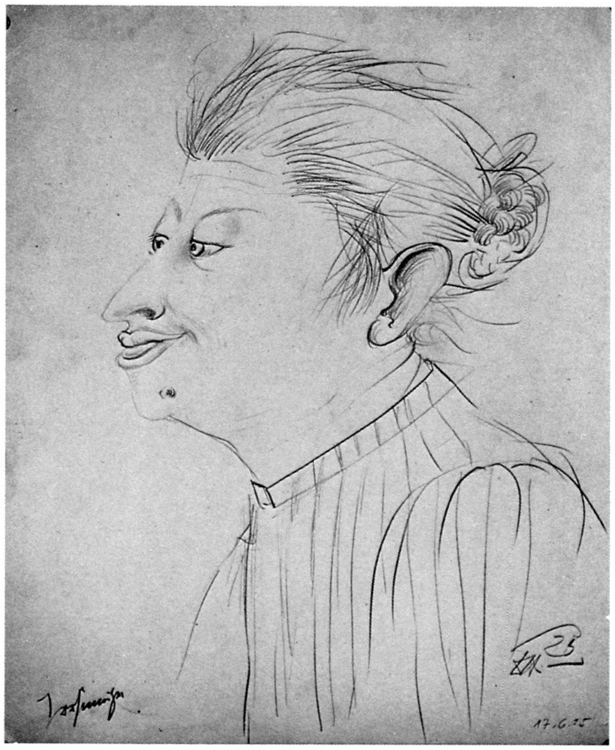

Irrsinnige, 1925. Bleistift, 43,4 × 35,2 cm
Galerie der Stadt Stuttgart

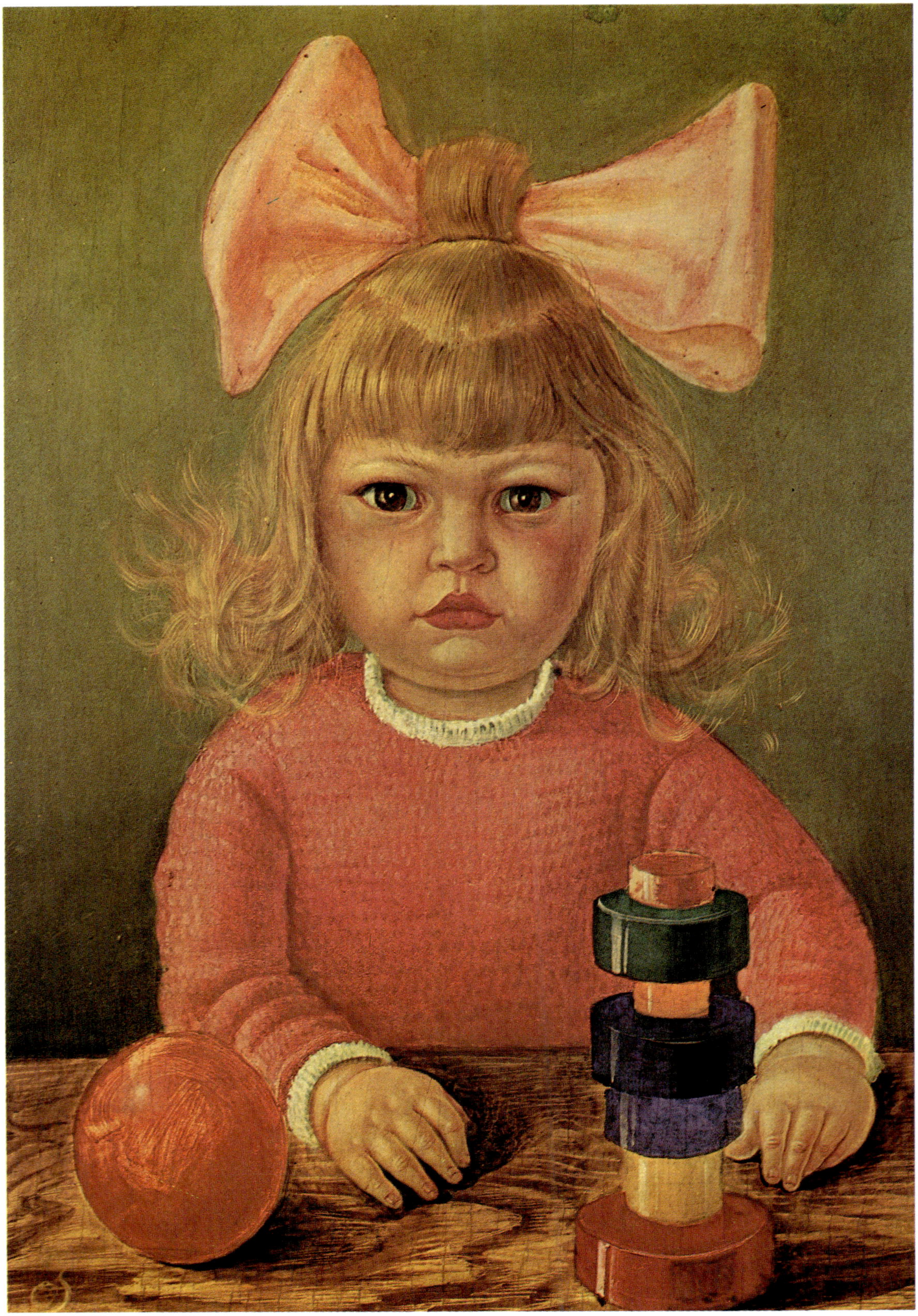

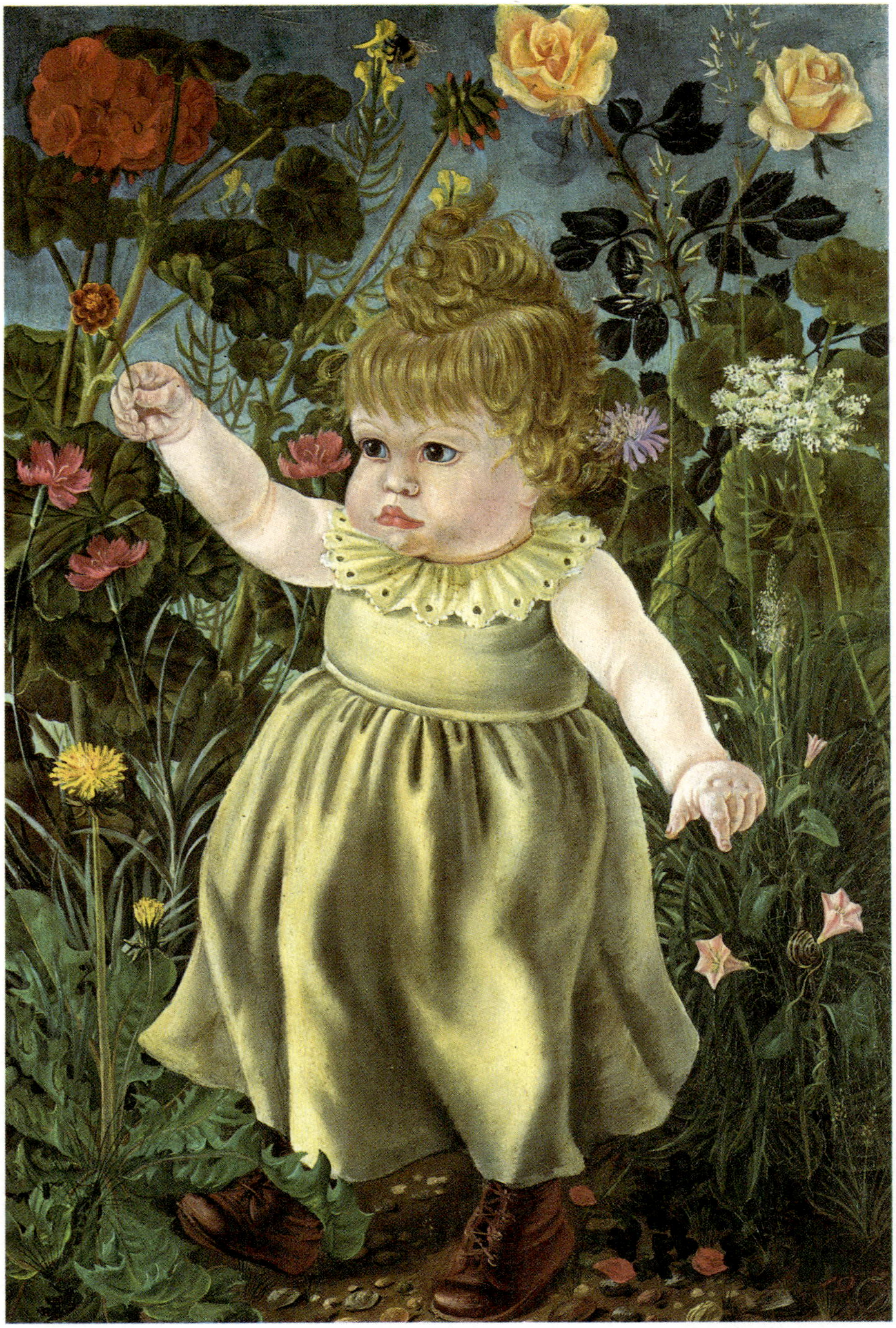

◁
NELLY MIT SPIELZEUG, 1925
Tempera auf Holz, 54 × 39,5 cm
Privatbesitz

NELLY IN BLUMEN, 1924
Öl auf Leinwand, 81 × 55,5 cm
Privatbesitz

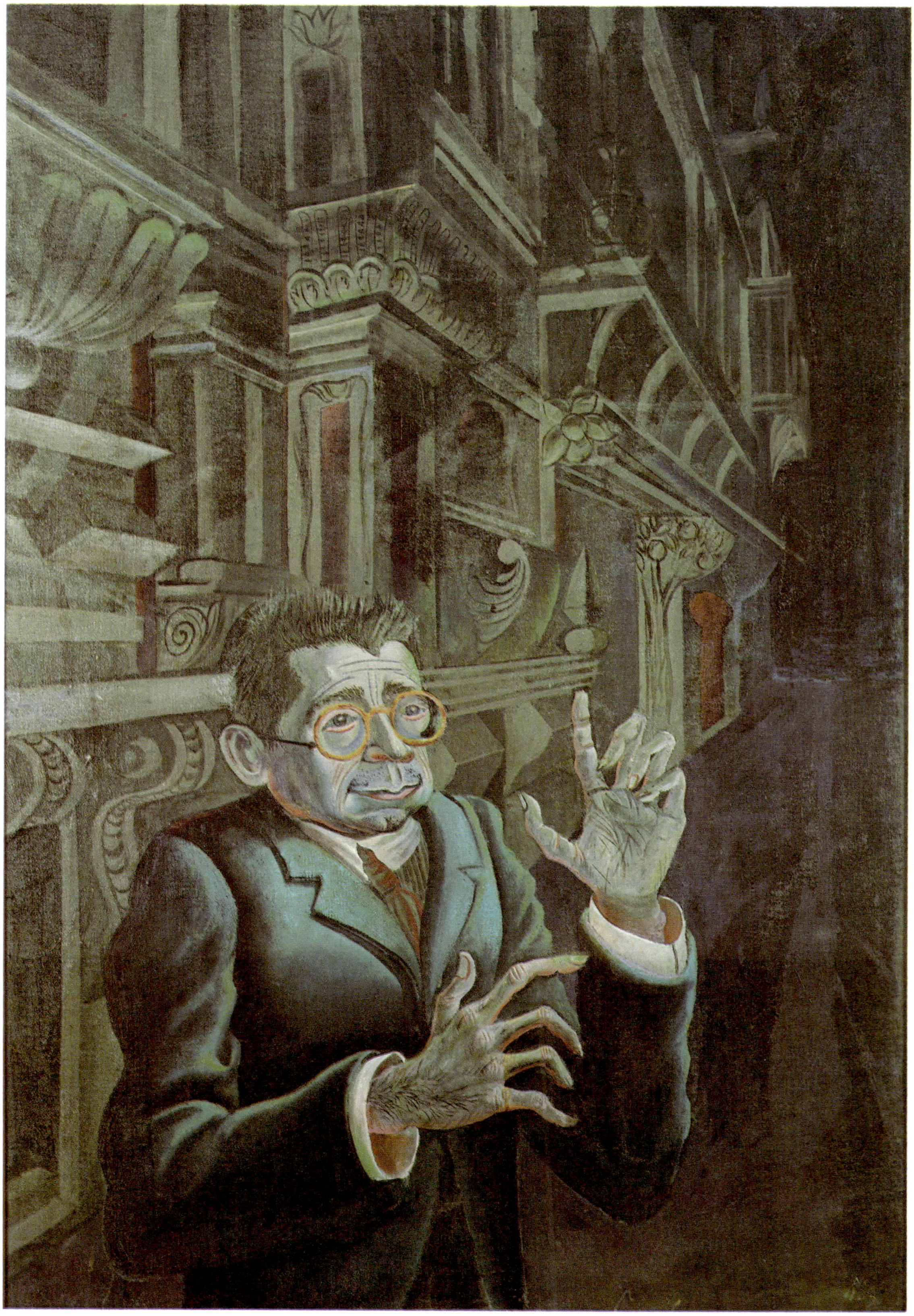

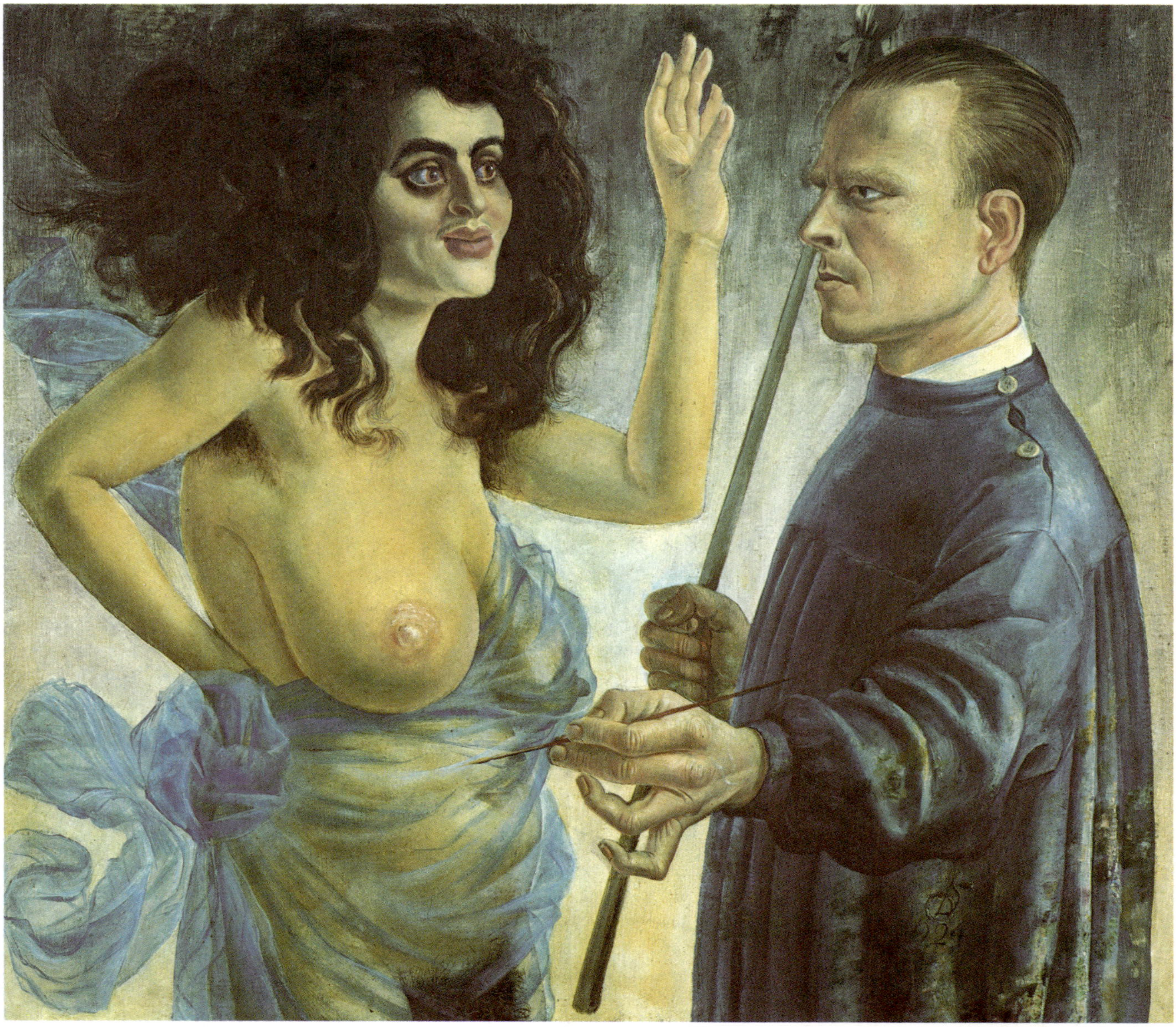

◁
Bildnis Adolf Uzarski, 1923
Öl auf Leinwand, 110 × 76 cm
Kunstmuseum Düsseldorf

Selbstbildnis mit Muse, 1924
Öl auf Leinwand, 81 × 95 cm
Karl Ernst Osthaus Museum, Hagen

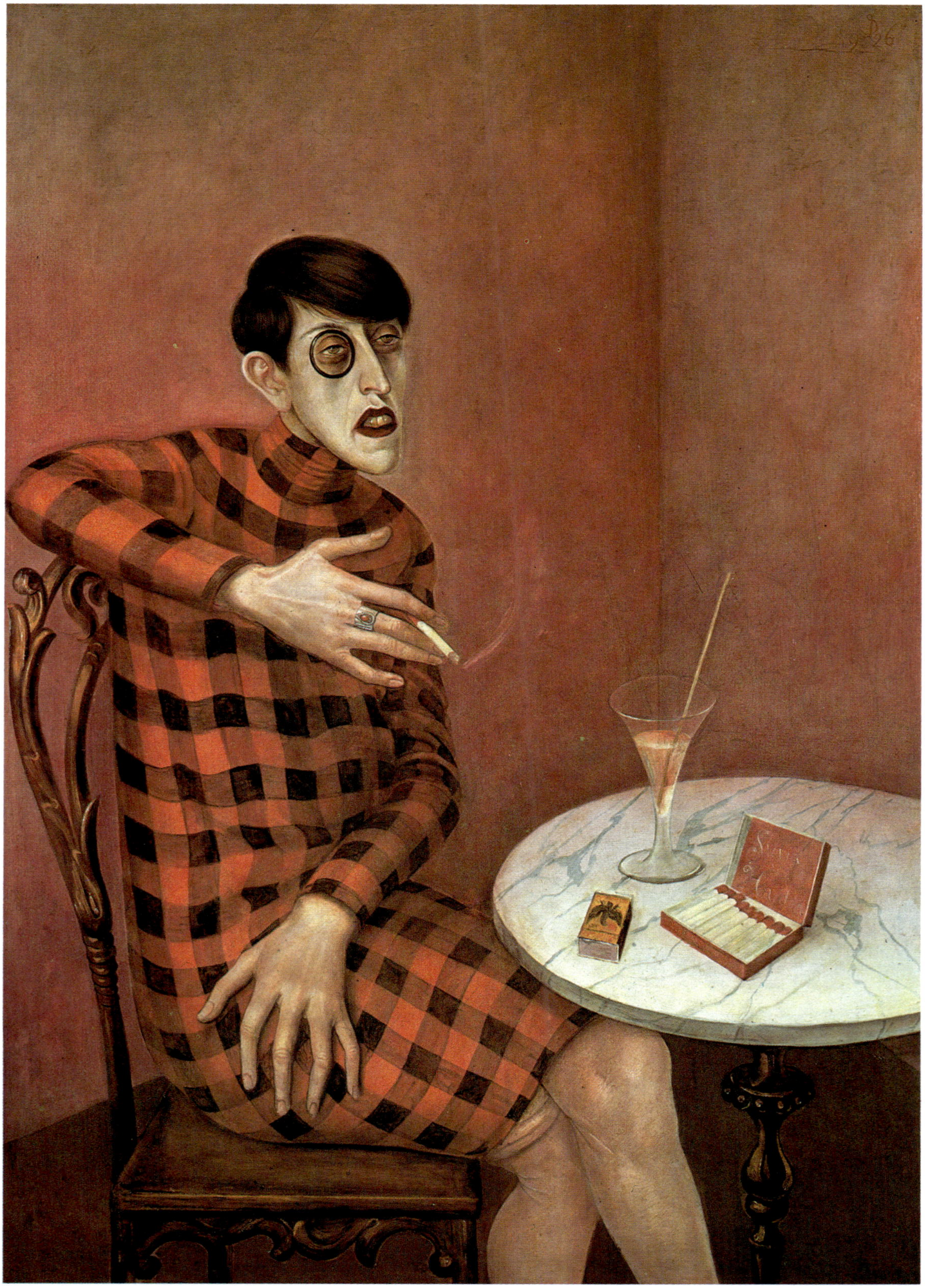

BILDNIS DER JOURNALISTIN SYLVIA VON HARDEN, 1926. Mischtechnik auf Holz, 120 × 88 cm
Musée National d'Art Moderne. Centre National d'Art et de Culture Georges Pompidou, Paris

beiden Epochen galt den Nationalsozialisten als ideal für ihre Vorstellung von »deutscher Seele« und »deutscher Heimat«. »...dann beherrscht die Landschaftsdarstellung die Zeit der romantischen Malerei vor allem durch das Werk C.D. Friedrichs, das fast ausschließlich einen neuen Stil der Landschaftsdarstellung suchte, das die Landschaft als einen Raum zwischen Zeit und Ewigkeit erlebte... Niemand ist es wieder gelungen, die Landschaft so zu beseelen wie C.D. Friedrich«, heißt es zum Beispiel im Vorwort zu einer Mappe mit »Deutschen Landschaftsbildern« von 1941. Die komplizierte dialektische Landschafts- und Naturgestaltung C.D. Friedrichs wurde so zur leicht konsumierbaren Genrekunst banalisiert. Tatsächlich entstand damals eine Vielzahl von Landschaftsbildern, in denen Motive aus Friedrichs Oeuvre typifizierend und idyllisch verharmlosend wiedergegeben wurden. Mehr oder weniger waren diese Gemälde artig verniedlichende Schilderungen unverfänglicher Stimmungen, in denen der friedlich-sonnige Blick über die Weite der »Fluren«, der Wiesen und Felder, dominierte. Insofern waren sie nichts weiter als vergrößerte und vergröberte Kopien einzeln herausgegriffener »romantischer« Bildelemente.

Otto Dix konnten der Friedrich-Kult sowie die Verherrlichung der Donauschule nicht verborgen bleiben; die Rede Hitlers zur Eröffnung des »Hauses der deutschen Kunst« und der ersten »Großen deutschen Kunstausstellung«, in der er sich auf »unsere deutschen Romantiker« berief, war ihm sicherlich bekannt.

Dix griff die Motive oder Formelemente altdeutscher und romantischer Landschaftsdarstellung in ganz anderer Weise auf. Bei ihm wurden sie immer als Zitate kenntlich gemacht, d.h., sie erschienen in reflexiv-kritischer Brechung. Subtil getarnt brachte er in ihnen nämlich seine deutliche Ablehnung jener offiziell sanktionierten nationalsozialistischen Landschaftsmalerei zum Ausdruck. Dix nutzte jenen Interpretationsspielraum, den die nationalsozialistische Kulturpolitik mit ihren dehnbaren Begriffen von Seele und Innerlichkeit selbst vorgegeben hatte, für sich und seine Eigenart der Auflehnung aus. Auch durch die absichtlich auf die Spitze getriebene Perfektion seiner Technik drückte er den Widerspruch zu den herrschenden Zeitverhältnissen aus. Seine Landschaften sind als melancholische Zitate eines vergangenen und unweigerlich verlorenen Lebensgefühls (der Romantik) zu begreifen.

Im Sommer 1934 malte, zeichnete und aquarellierte Dix zusammen mit Franz Lenk, einem alten Freund aus der Dresdner Studienzeit, im Hegau, in der Nähe des Bodensees. Der parteilose Lenk war 1933 als Präsidialrat in die Reichskammer für bildende Künste berufen worden und befand sich nun in der schwierigen Situation, zwischen der offiziellen kunstpolitischen Linie und den als entartet geltenden Künstlern vermitteln zu sollen. Die Arbeiten von Dix und Lenk wurden im Januar 1935 in der Galerie Nierendorf gemeinsam ausgestellt, eine demonstrative Veranstaltung der Solidarität eines sogenannten Kulturfunktionärs und Professors für Landschaftsmalerei in Berlin und eines sogenannten Verfemten. Von Dix waren neben Portraits auch mehrere Landschaftszeichnungen zu sehen, darunter eine *Winterlandschaft* betitelte.

Seine Motive fand Dix in der ihn umgebenden Bodenseelandschaft, die er im Wechsel der Jahres- und Tageszeiten bildnerisch erforschte. Gemälde wie *Randegg im Schnee mit Raben* (siehe S. 85) und *Aufbrechendes Eis* von 1940 belegen erneut eine auch jetzt nicht abgebrochene Kontinuität des Schaffens aufgrund der für ihn so typischen Wahrnehmungsweise. Detaillierte Beobachtungen der äußeren Erscheinungsformen der Gegenstände und die Wahl einer spezifischen Perspektive und eines besonderen atmosphärischen Moments, wie z. B. des Anflugs der Raben in der winterlichen Landschaft, verschmelzen zu Kompositionen von großer Dichte und magischer Ausstrahlung. Die Landschaftsgemälde der Jahre bis 1942 vergegenwärtigen meist bildnerische Panoramen unter Einbezug bestimmter Wetterverhältnisse zu den verschiedenen Zeiten des Jahres. Der Blick fällt aus großer Entfernung und meist Aufsicht auf »Frühlings-« oder »Kornfelder«, auf den Bodensee an verschiedenen Orten in jeweils typischer Atmosphäre, so »Bei stürmischem Wetter«, im »Schnee«, im »Hochsommer« oder im »Nebel«. Dix kostete die Möglichkeiten der Landschaftsdarstel-

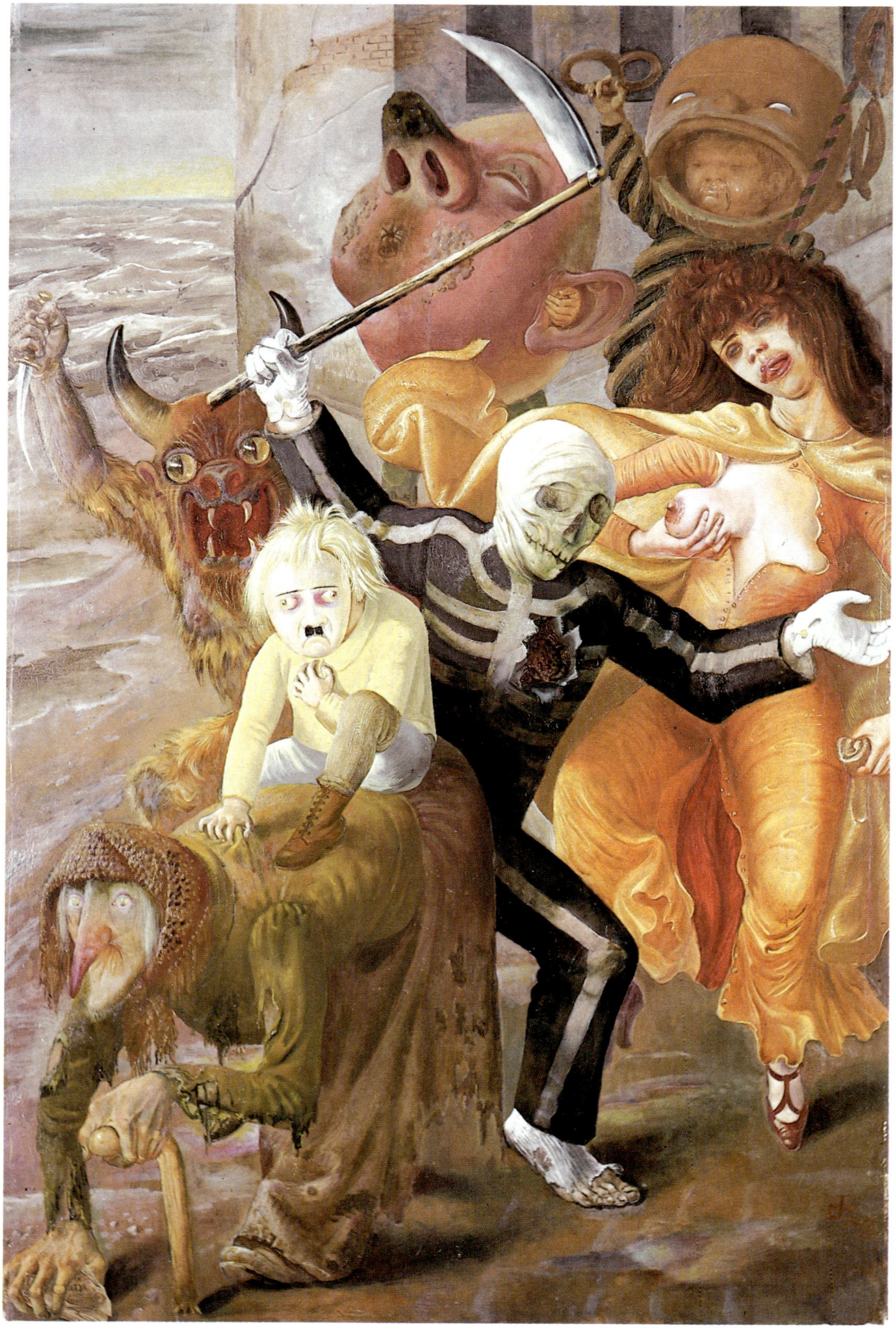

UNGLEICHES LIEBESPAAR, 1925
Tempera auf Holz
180 × 100 cm
Galerie der Stadt Stuttgart
(Dauerleihgabe des Kultusministeriums Baden-Württemberg)

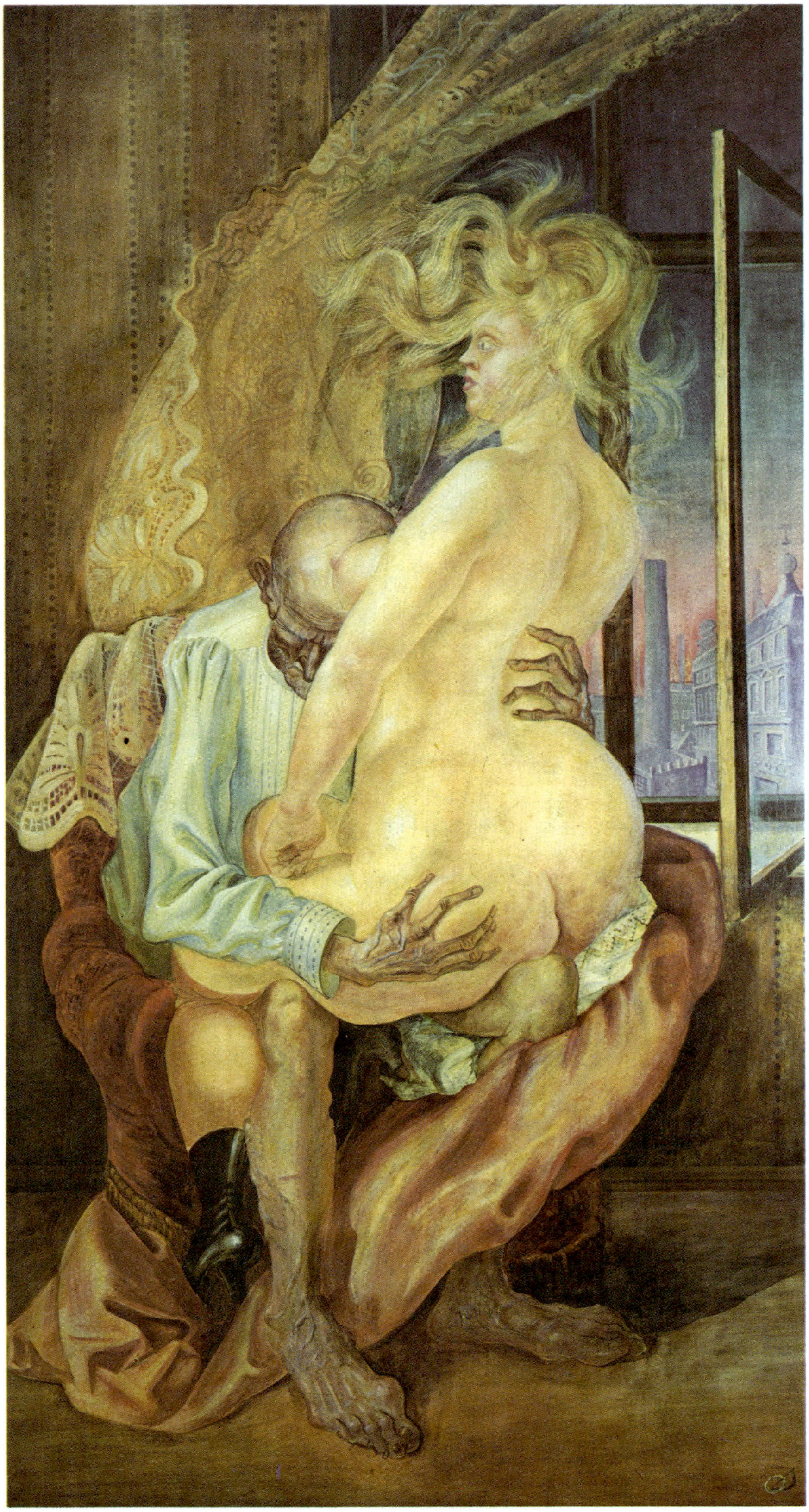

◁
DIE SIEBEN TODSÜNDEN
1933
Mischtechnik auf Holz
179 × 120 cm
Staatliche Kunsthalle Karlsruhe

lung in allen Nuancen mit beinahe bestürzendem Fleiß aus. In den Jahren zwischen 1940 und 1944 malte er zwanzig Gemälde. Er selbst äußerte sich über seine Arbeitswut mehrfach in Briefen, zuletzt im Sommer 1944: »Ich male momentan wie ein Wilder, es wäre schade, wenn ich durch irgendwelches Kommando unterbrochen würde...« Von den Kriegsereignissen nahm Dix so wenig wie möglich Kenntnis. Einmal äußerte er sich lapidar: »Hoffentlich geht die Scheiße bald zu Ende«, ein anderes Mal: »Ich wünsche von Herzen, daß der Kotz zu Ende ist, bevor Dresden drankommt, an dem mir als Stadt und zweiter Heimat am meisten liegt. Andernfalls sieht man nicht ein, warum der Feind Dresden auslassen sollte.« Dix ignorierte die Geschehnisse und vergrub sich manisch in seine Arbeit.

Sogar jetzt ist die Betonung des Stofflichen und Körperlichen, die die Gemälde der zwanziger Jahre auszeichnet, unvermindert anwesend. Immer scheint außerdem ein Moment des Inszenatorischen spürbar, als gewissermaßen aus Reflexion erwachsene Distanz zum Wahrgenommenen. Besonders deutlich wird dies im 1940 entstandenen Gemälde *Aufbrechendes Eis mit Regenbogen bei Steckborn*. Hier ist ein Naturereignis als dramatische Szenerie elementarer Kräfte gesehen. Die blau-schwarz-grüne Gewitterstimmung am See mit berstenden, aufspringenden Eisplatten wird von dem sich senkrecht mitten über dem Dorf erhebenden Lichtband des Regenbogens apokalyptisch visionär durchbrochen. Obwohl Naturereignis, besitzt die Darstellung zugleich einen künstlichen, »arrangierten« Charakter, der über ihr Sujet hinausweist, eine allegorische Komponente enthält. Kampf von Licht und Finsternis, von bewahrenden und zerstörenden Kräften drängt sich als Assoziation auf.

In den vierziger Jahren erscheint Natur bei Dix noch stärker inszenatorisch, als von einem Moment persönlichen inneren Aufgewühltseins geprägt. Verstärkt setzt sich eine nahsichtige Frontalperspektive durch, die vor allem Waldausschnitte, Dickicht, Gehölz, abgebrochene Äste, wie z. B. im Gemälde *Zerschmetterter Baum* von 1941, als Abbildungsgegenstände wählt. 1940 stehen ausgewogen harmonische Landschaftsblicke wie im Gemälde *Blick in den Hegau* neben sich immer stärker in der Perspektive verengenden Veranschaulichungen von Landschaftsstrukturen. Bevorzugt beobachtete Dix nun den Wald, Bäume, Ästegewirr, Gestrüpp und Unterholz wie im Bild *Der Bannwald* von 1942. Landschaft wird bei Dix unversehens zur Metaphor für Chaos, Zerrissen- und sogar Zerrüttetsein. Titel wie *Düsterer Tag in Sottum*, *Gewitter am Abend*, *Riesengebirgswolken*, *Zerschmetterter Baum* bestätigen dies. Schroffe Felsgegenden (des Riesengebirges), steile Klippen und drohend dicht verhangener Himmel in den Werken der Jahre 1940/41 tragen zum Eindruck sich bedenklich zuspitzender Verhältnisse nicht nur von Wetter und Natur, sondern auch der gesamtgesellschaftlichen und der persönlichen Situation des Malers bei.

Dix hatte in diesen Jahren Gelegenheit, die Landschaft des südlich der sächsischen Grenze gelegenen Böhmischen Mittelgebirges und des Riesengebirges kennenzulernen. Eine Einladung des schlesischen Industriellen Haselbach, eines Verwandten der mit der Familie Dix befreundeten Familie Bienert, ermöglichte 1941 und 1942 den wiederholten Besuch des Riesengebirges. Die Gemälde *Aupatal*, *Kleiner Teich* und *Großes Tal* sind hiervon Zeugnisse. Bei einem dieser Besuche erhielt Dix den Auftrag, eine Serie von Riesengebirgsbildern mit figürlichen Szenen zu malen, eine neue Herausforderung, da die bisherigen Landschaftsdarstellungen alle menschenleer geblieben waren. Dix erfüllte sie in bewährt virtuoser Weise, aber ohne Leidenschaft. Sie entsprachen seinen Darstellungsanliegen in jenen Jahren nicht. Er suchte damals bildnerisch nach einem der Gegenwart entgegengesetzten Raum- und Zeitbegriff. Im Sujet der Landschaft mit ihrem beruhigend allgemeingültigen Wechsel der Jahreszeiten schien er ihn gefunden zu haben. So erhalten die Landschaftsräume bei Dix zugleich meditativen Charakter, wirken wie übriggebliebene Zufluchtsorte für persönliche religiöse Bedürfnisse, die in ihren angestammten Bereichen nicht mehr stillbar sind.

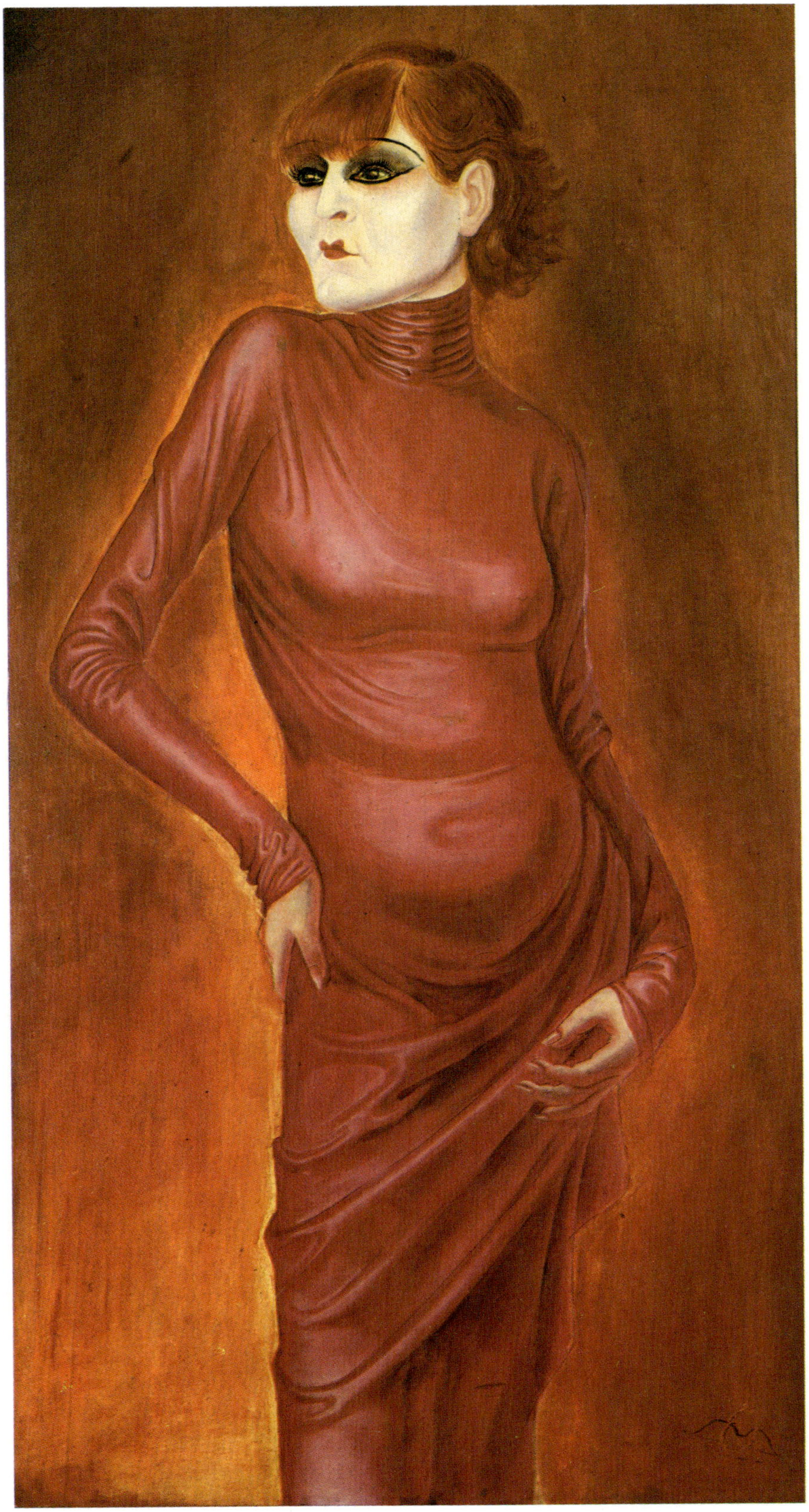

Die Tänzerin Anita Berber, 1925
Tempera und Öl auf Sperrholz, 120 × 65 cm
Otto Dix Stiftung, Vaduz, Liechtenstein

Dix selbst resümierte die Zeit der dreißiger und vierziger Jahre auf seine spröde Art folgendermaßen:

> Landschaften habe ich in der Nazizeit massenhaft gemalt. Hier war ja weiter nichts. Also raus in die Landschaft und Bäume gezeichnet, paar Bäume und so Sachen. Ich bin verbannt worden in die Landschaft. Zuerst war sie neu für mich. Jetzt habe ich sie so oft gesehen, jetzt nehme ich sie gar nicht mehr zur Kenntnis. Sie interessiert mich eigentlich gar nicht sehr. Menschen, Menschen viel mehr.

Eine gewisse Resignation klingt aus solchen Worten. Dix verlor sie leider — wen sollte es wundern — nie mehr ganz. Die Zeit des Nationalsozialismus schlug eine Wunde, die nicht mehr völlig heilte. Daß diese Phase eine krisenhafte war, ist ebenfalls zu belegen durch die während eines Jahrzehnts fehlende Eigenschaft des Dixschen Humors. Während dieser Jahre hatte sich die Lebenslust von Otto Dix verkrampft.

Der Maler hatte das Glück, von den Nazis wenig behelligt zu werden. Nur einmal schien die Lage kritisch: Unter Verdacht der Mittäterschaft am Attentat auf Hitler im Münchner Bürgerbräukeller am 8. November 1939 wurden Dix und sein Freund Friedrich Bienert in Dresden verhaftet. (Dix fuhr bis 1943 wegen seiner Arbeit regelmäßig nach Dresden). Die beiden wurden vierzehn Tage im Gestapo-Gefängnis verhört, bevor sie endlich wieder freigelassen wurden. Frontkameraden, die seine Auszeichnungen aus dem Ersten Weltkrieg beschrieben, retteten ihn. Die Verhaftung durch die Gestapo lag in früheren Dresdner Aktivitäten von Dix und Bienert begründet. Zwischen 1927 und 1933 war Dix Mitglied des von Friedrich Bienert, einem einflußreichen Industriellen, gegründeten »Hirschen-Clubs«. An diesem Diskutier- und Gesellschaftskreis nahmen unter anderen Graf Seebach, der Intendant der Dresdner Staatsoper, und der Dichter Paul Adler teil. Bienert und Dix standen auf der Liste der Gestapo zur Erfassung »Führender Männer der Systemzeit«, die ebenfalls den — den Nazis verdächtigen — Hirschen-Club betrafen. Im Februar 1944 geriet Dix nochmals in Bedrängnis: Sozusagen in letzter Stunde wurde er zum Volkssturm eingezogen. Die nach einem Monat beendeten Kämpfe führten ihn in eineinhalbjährige Gefangenschaft nach Colmar. Ein französischer Offizier erkannte ihn als den berühmten Maler Otto Dix. Er wurde darauf, innerhalb der Künstlerkolonne des Lagers, in die Autolackierwerkstatt von Robert Gall abgestellt, wo ihm die Möglichkeit zum Malen gegeben wurde. So entstanden meist Auftragsarbeiten wie zum Beispiel das Triptychon *Madonna vor Stacheldraht* für die Kapelle des Gefangenenlagers.

Die Rückkehr nach dem Krieg ins »normale« Leben war auch für Dix hart. Um den notwendigsten Lebensunterhalt zu sichern, portraitierte er, meist in Pastell, die Frauen und Kinder der französischen Besatzungsmitglieder. Gegen kleine Aquarelle und Landschaftsbilder wurden Lebensmittel und Zigaretten getauscht. Zahlreiche dieser »Brotarbeiten« sind in jüngster Zeit wieder aufgetaucht. Eine wichtige Wandlung in der künstlerischen Arbeit vollzog sich nun endgültig: die Loslösung von der aufwendigen Lasurtechnik. Bereits 1944 hatte Dix begonnen, Landschaftsbilder wieder, wie in den Anfangsjahren vor 1919, in der spontaneren »alla-prima« -Technik auszuführen. Wichtig wird erneut der Pinselduktus, die malerische Aktion; das Lineare der Abbildungen erhält, wie in den frühen Landschaften des jungen Dix, einen zunehmend höheren Stellenwert. Die Rückkehr zur Technik der »alla-prima«-Malerei empfand Dix als unüberhöbare Befreiung:

> Die veränderte Technik (das Wort ist ganz falsch, es ist eigentlich eine neue Art von Sehen, die bei mir eingesetzt hat) erzeugt viele seltsame Blüten: Auf jeden Fall ist festzustellen: I. Die Malerei ist spontaner geworden, die lausige Vorsicht, die man mit andauernden Lasuren immer haben mußte, ist weg; II. Es wird alles GRÖBER, Gott sei Dank, ich habe die letzten zwanzig Jahre viel zu spitzpinselig gemalt *und komme nun wieder auf die Zeit meines ersten Kriegsbildes, also eine Art Entfesselung*

> *tritt ein. III. Das formal Räumliche weicht dem Farblich Räumlichen und die Farben fangen an, »Klänge« zu bilden.* IV. Ich werfe nach Belieben alle Idealkompositionen, Goldenen Schnitt und all diesen Renaissancekram über Bord und male »entfesselt«. Und während ich dies schreibe, merke ich, daß man das alles gar nicht erklären kann, die Bilder haben trotz der Entfesselung mehr »Form«.

Neben Landschaftsdarstellungen, dem Thema, das ihn bis zum Lebensende beschäftigte, aktualisierte Dix nun, ähnlich wie in 1920, die Auswirkungen des Krieges. In diesen unmittelbar nach dem Krieg entstandenen Arbeiten spiegelt sich das Gefühl der Befreiung aus einem, auch persönlichen, Alpdruck wider. *Masken in Trümmern, Fasching in Trümmern, Narrenhaufen, Mummenschanz, Maske mit Quitten* sind alle Zeugnisse des damaligen hoffnungsvollen Wiederaufbaues. Als eines der bedeutensten Werke dieser Reihe kann das Gemälde *Und neues Leben blüht aus den Ruinen* (siehe S. 87) gelten.

Wie bei allen späten und ebenfalls frühen Gemälden erhält nun die akzentuierte Farbfläche im Verhältnis zur plastischen Gegenstandsformung eine höhere Eigenwertigkeit. Die Körper, bei Dix in den zwanziger Jahren in ihrer typisch-individuellen Körperlichkeit im Zentrum der Gestaltung, werden nun stärker in die betont strukturierten Form-Farbflächen der Bildkomposition eingebunden. Ihre Charakterisierung findet jetzt weniger durch ihre Körperlichkeit als vielmehr durch die gesamte Form-Farbräumlichkeit statt. 1947, zwei Jahre nach seiner Gefangenschaft, kommt Dix nochmal auf dieses neue und eindringliche Erlebnis zurück. Es entstehen mehrere Bilder und Zeichnungen zu diesem Thema. Das markanteste und eines der wichtigsten im Dix-schen Spektrum von Menschenbildern ist das *Selbstbildnis als Kriegsgefangener* (siehe S. 90). Das Bild ist ein einmaliges Zeugnis der Erbämlichkeit, Anonymität, Unmenschlichkeit. Der Mensch zur Nummer erniedrigt.

Dix schlug mit den späten Arbeiten bewußt den Bogen zum Schaffen der Frühzeit. In den Themen, die er im Alterswerk wieder aufgriff, Selbstportrait, Portrait, Landschaft und insbesondere Religion, setzte er das Werk des »Anfangs« fort. Dies geschah gelassener, ausgewogener, auch ernüchterter als in den mit stärkerer »Heftigkeit« des Temperaments ausgestatteten jungen Jahren. Sein Können, seine handwerkliche Meisterschaft und technische Virtuosität mußte Dix nicht mehr beweisen. Die aktuellen Zeitereignisse zu dokumentieren, dazu sah er keinerlei Veranlassung. So widmete er sich — auch bildnerisch — dem ihm Nächststehenden, den Enkelkindern, die er innig liebte und immer wieder malte und lithographierte, den Dorfbewohnern, die er portraitierte, der landschaftlichen Umgebung, an der er hing.

Dix' Verwurzelung »in der Geschichte der Bibel«, wie er es nannte, fand in den Jahren seit 1946 Ausdruck in zahlreichen Gemälden, Pastellen und Lithographien. In einem Interview erzählte er 1965 davon, wie anschaulich er die biblischen Gestalten als Kind in die eigene Gegenwart miteinbezogen hatte, gleichsam mit ihnen »gelebt« hatte (»...die Stelle, wo Josef von seinen Brüdern in den Brunnen geworfen worden war, war mit bekannt...«), und schloß mit der Bemerkung: »Es ist das Bildhafte — das andere, das Moralische, hat mich gar nicht interessiert.«

Im Mittelpunkt der Beschäftigung mit religiöser Thematik stand die Leidensgeschichte Christi mit ihrer allgemeingültigen Erkenntnis der Erlösung von der Realität des Leidens durch dessen unbedingte Annahme. Auch jetzt setzte sich der stets anschaulich und aus seiner Sinnenfähigkeit denkende Künstler vor allem mit der Körperlichkeit dieses Leidens und Sterbens auseinander:

> ...Da hängt man ihn dann als, als Ballettänzer hängt er am Kreuz, nicht wahr, schön und poliert und schön, wunderbar gewaschen, nicht wahr.

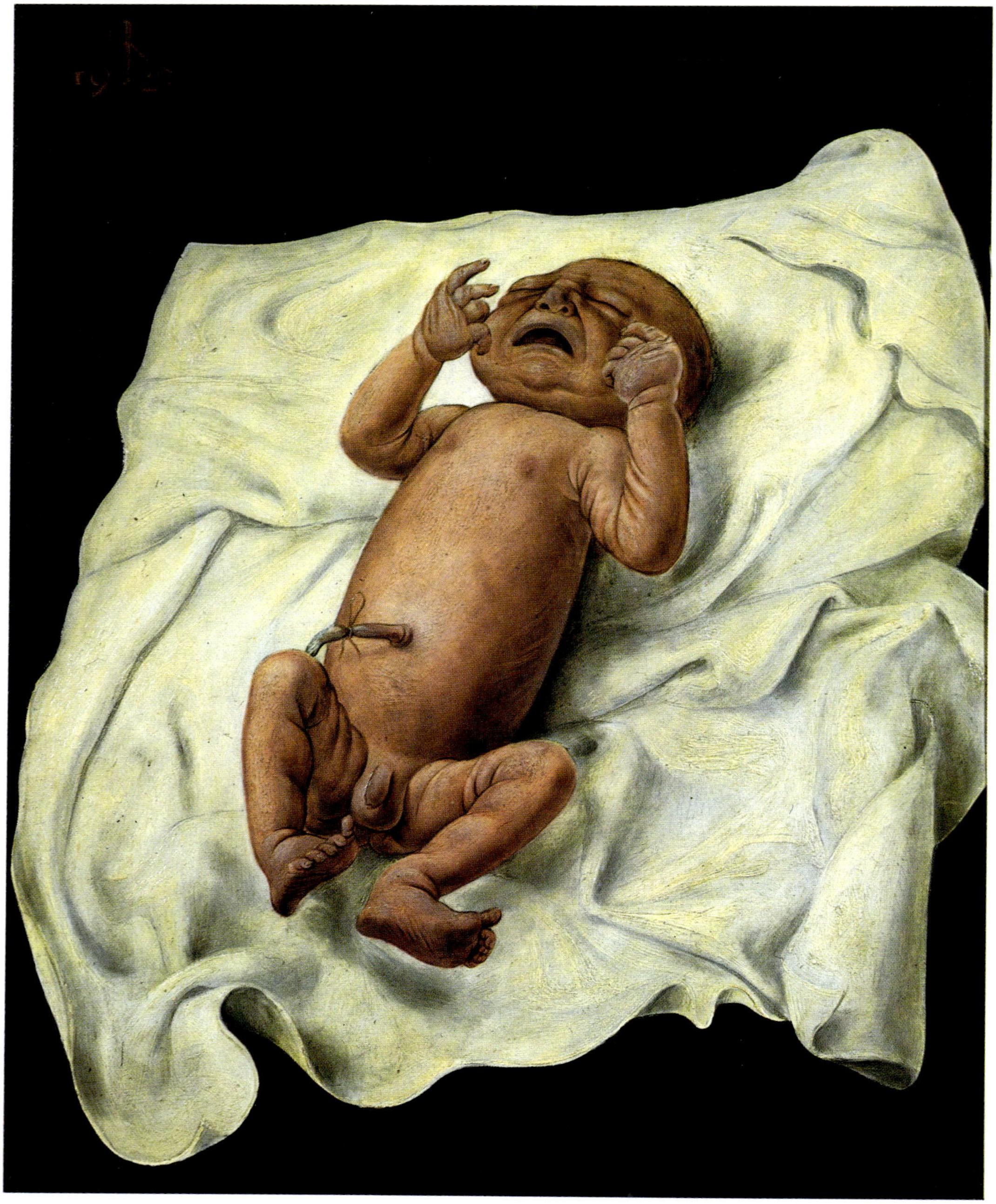

NEUGEBORENER MIT NABELSCHNUR
AUF TUCH (URSUS), 1927
Mischtechnik auf Holz, 60 × 50 cm
Otto Dix Stiftung, Vaduz, Liechtenstein

Spielende Kinder, 1929
Mischtechnik auf Holz, 72 × 93 cm
Privatsammlung

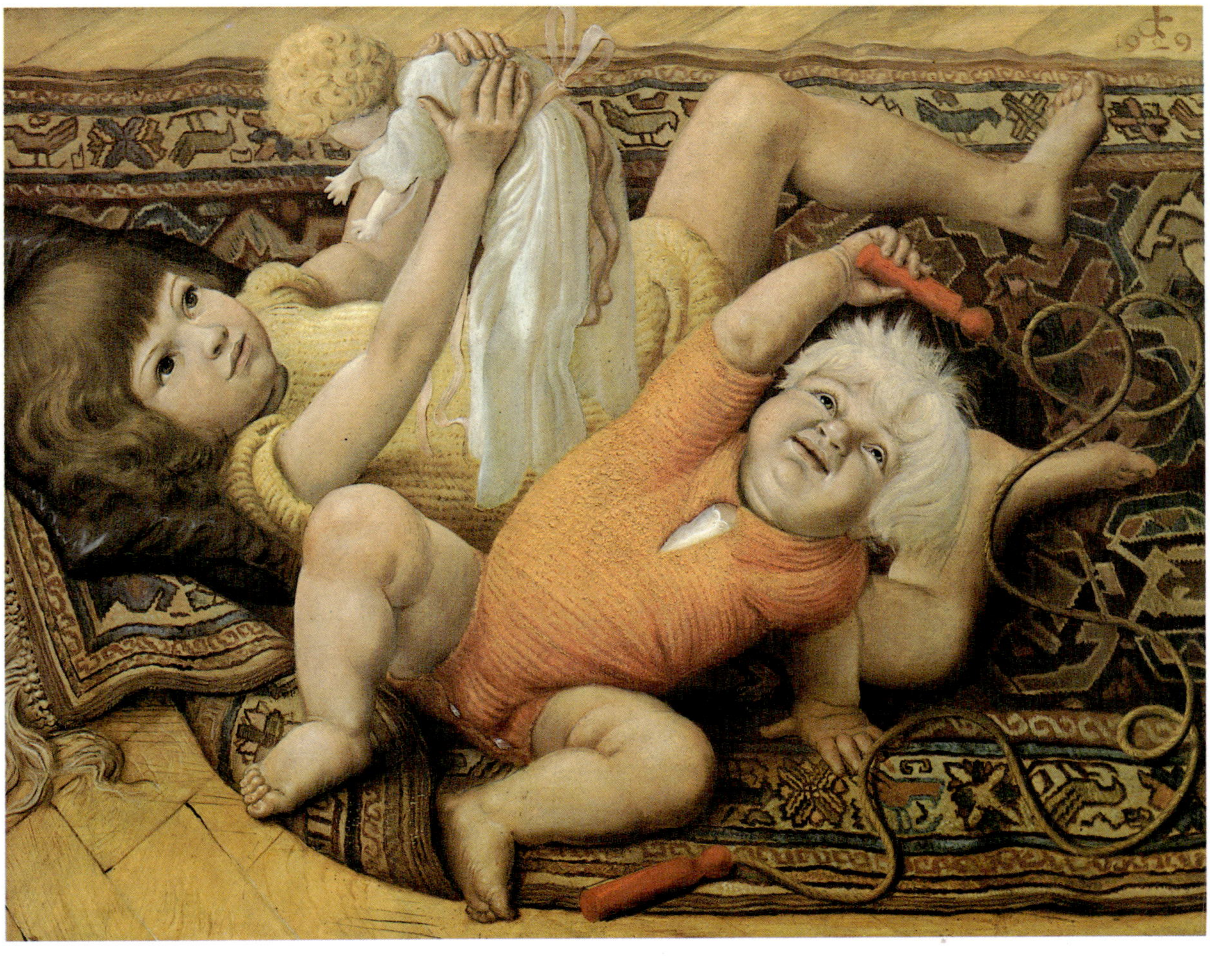

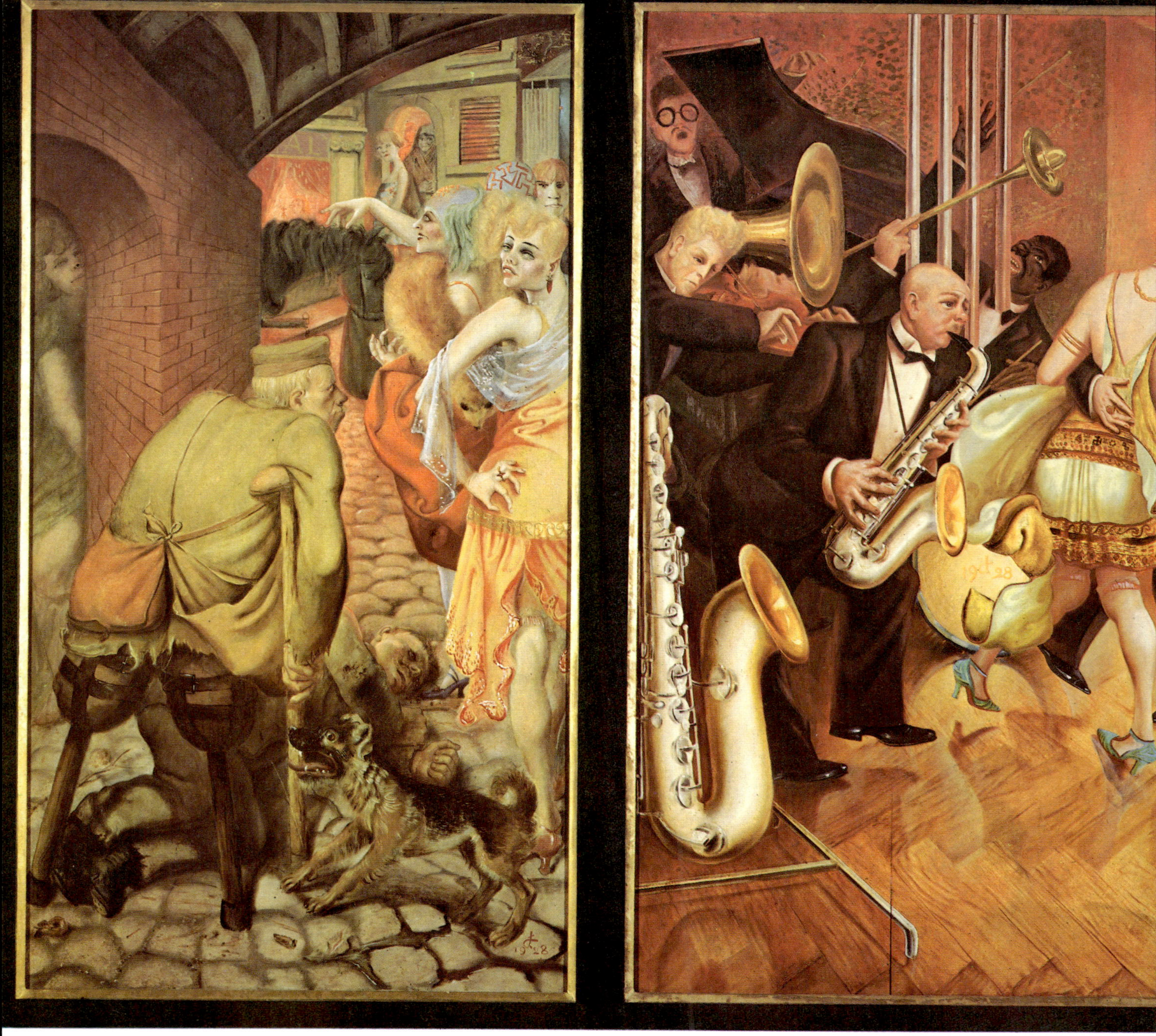

GROSSTADT (TRIPTYCHON), 1927-28
Mischtechnik auf Holz
Galerie der Stadt Stuttgart

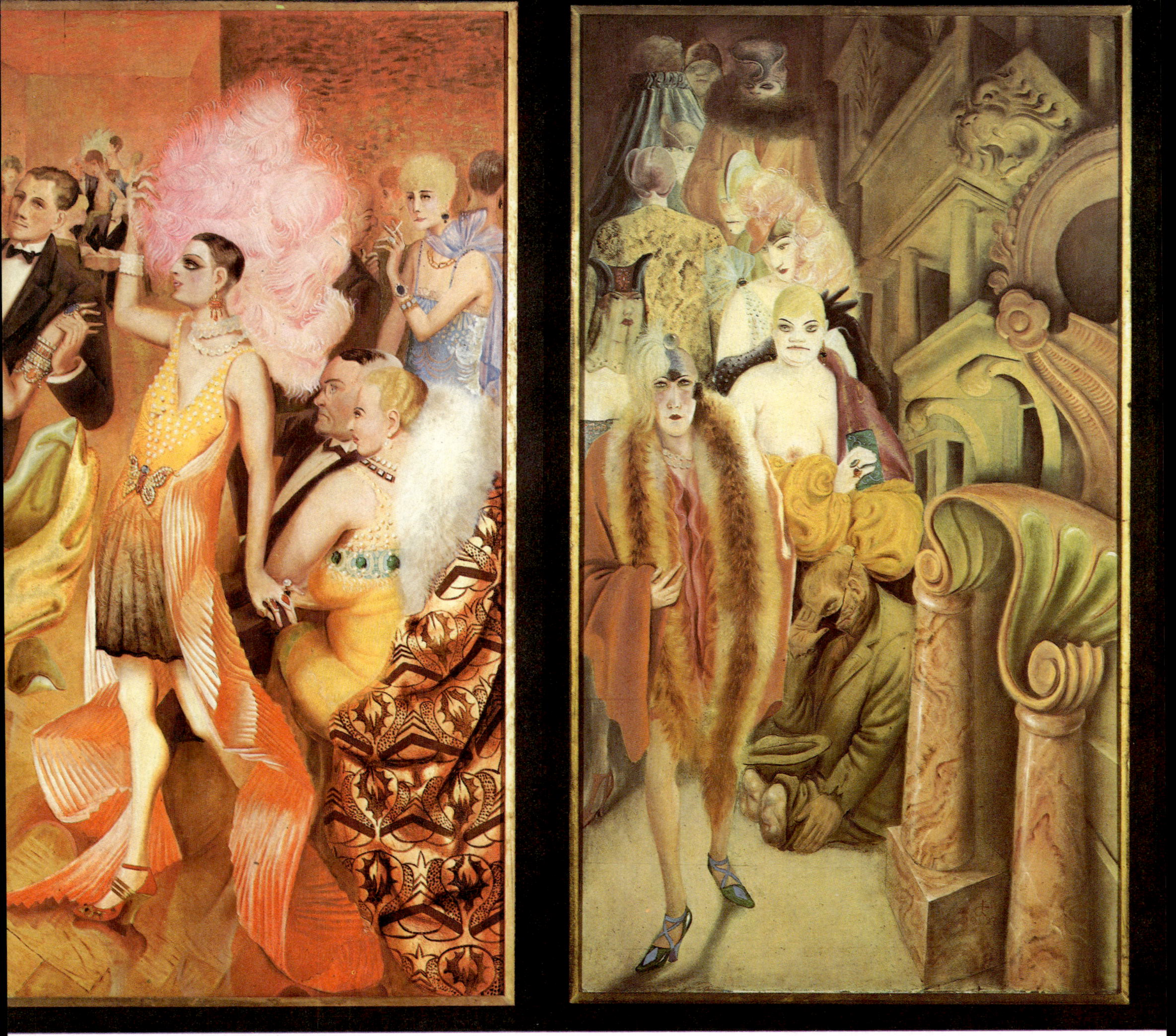

Mitteltafel 181 × 201 cm
Linker Flügel 181 × 101 cm
Rechter Flügel 181 × 101 cm

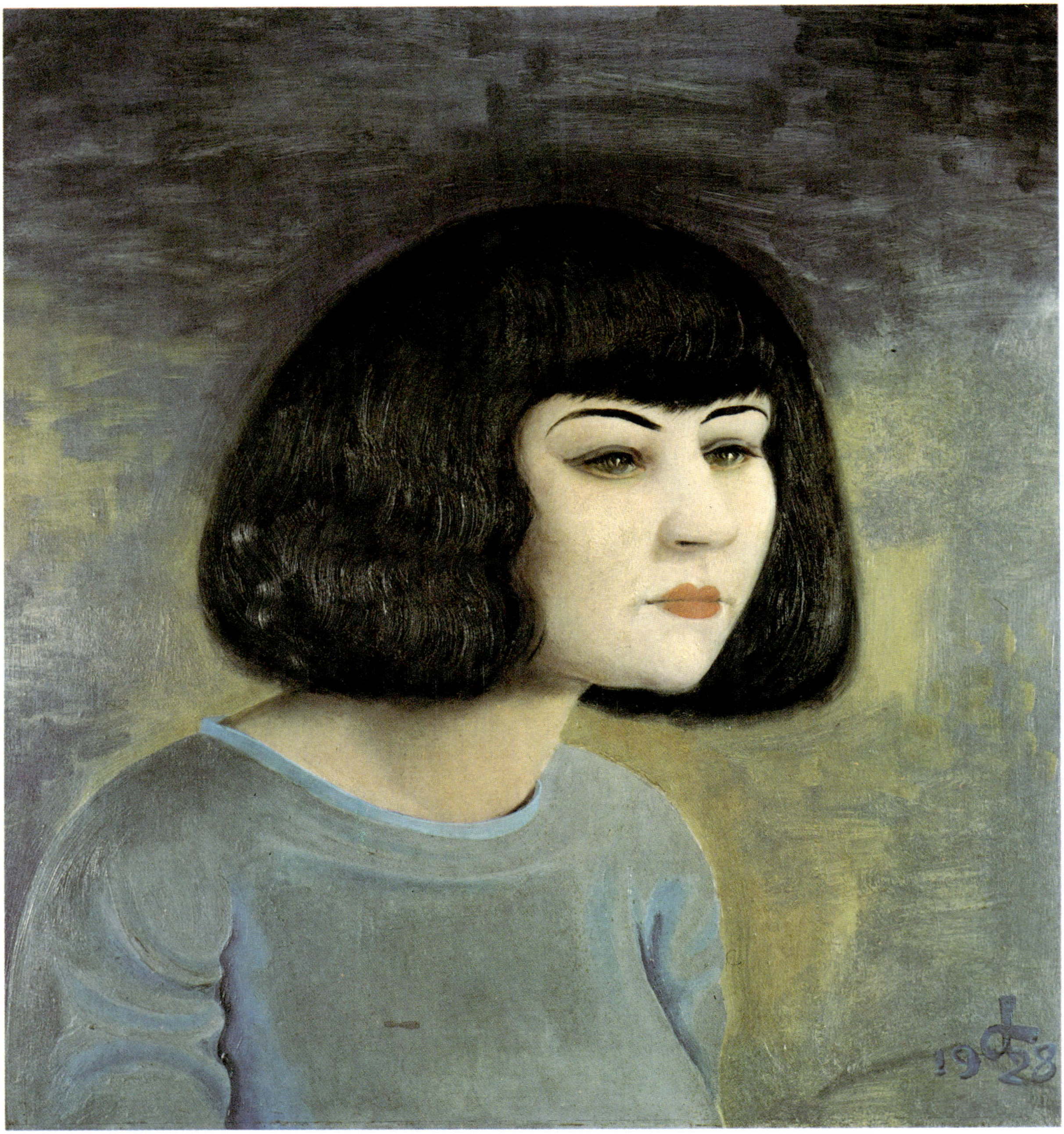

BILDNIS FRAU MARTHA DIX I, 1928. Mischtechnik auf Holz, 60 × 59,5 cm
Galerie der Stadt Stuttgart (Leihgabe)

> Und wenn man dann 'ne genaue Beschreibung liest, wie ein Kreuzestod ist, ja das ist so etwas Gräßliches, so etwas Fürchterliches. Wie die Glieder anschwellen, nicht wahr. Wie der Atemnot kriegt. Wie das Gesicht sich verfärbt. Wie der einen gräßlichen, einen ganz gräßlichen Tod stirbt. Da hängt man den als wunderschönen Knaben da dran. Also es ist alles Schwindel... Alles Schwindel. Und wenn er ein großer Mensch war, da hatte er die gräßlichsten Schmerzen. Er ist derart gepeinigt worden. Er ist zusammengebrochen und ohnmächtig geworden... Das war schlimmer als im Krieg. Er war einsam, als einzelner mußte er es erleben. Kein Mensch hat ihm geholfen. Kein Mensch war bei ihm. Eine großartige Schilderung des Menschen, der allein ist. Großartig. Des genialen Menschen, der allein ist. ...Er ist gar nicht mild. Er ist mitleidig. Er versteht, er versteht sehr viel. Aber er ist trotzdem ein harter, unbedingter Mensch. Sie müssen bloß mal das Evangelium lesen.

Das Christusbild Nietzsches ist verblüffenderweise ähnlich deutlich auf die Leibhaftigkeit von Christus bezogen. Nietzsche nahm die Gestalt von Christus von seiner ansonsten vehementen Kritik des Christentums und christlicher Moral aus und begriff ihn von seiner menschlichen Seite her in mehrfacher Perspektive, so als »freien Geist«, als »Anarchisten und Idioten« und als »göttlichen Menschen«. Teilweise vermischte sich sein Christusbild dabei mit dem des dionysischen Gottes, der für ihn den Inbegriff des lebens- und leibbejahenden Menschen darstellte. Das wichtige, Dix' Denken beeinflussende Gewicht von Nietzsches Philosophie zeigt sich hier in einer überraschenden, noch zu wenig beachteten Komponente.

Das Insistieren auf der Menschlichkeit und Körperlichkeit von Christus bezeugt ein weiteres Mal die vielbesprochene »Realistik« von Dix. Auch seine erneute intensive Auseinandersetzung mit biblischen Stoffen ist hierin begründet:

> Das Christliche ist keine Atelier-Idee. Mein Leben war mir Anlaß genug, die Passion am Bruder, ja am eigenen Leib durchzuleben. Hiob, Christophorus, Der verlorene Sohn, Petrus mit dem Hahn — das alles sind nicht einfach biblische Themen, die ich um ihrer Interessantheit willen gestalte, sondern sie sind Gleichnisse meiner selbst und der Menschheit. Das ist es, was mich drängt. Aber es gibt darüber hinaus auch noch etwas, das mich reizte: die große Aufgabe, aus abgegriffenen Themen immer wieder etwas Neues zu machen, die Kunst zu erneuern, wie auch das Christentum sich immer wieder erneuert. Das christliche Motiv gewährt die Freiheit der Gestaltung. Jeder kennt und versteht es, nur gilt es, daß es neu erlebt wird, erlebt aus dem Leben heraus, nicht aus illusorischen Bilderbögen. Christliche Thematik bezieht sich auf unsere Gegenwart ebenso wie auf unsere Vergangenheit und Zukunft, sie hat etwas, das bleibt. Das ist die christlich-apollinische Klassik. Eines sollte man dabei vermeiden, einfach das Alte mit dem Neuen zu umkleiden.

Klar ersichtlich wird hier erneut die Schaffenskontinuität von Dix aus seiner Haltung heraus: Seine kritische Skepsis und sein Anliegen, »alles selber zu sein und zu erleben«, stellen den Hintergrund seiner Interpretation biblischer Themen dar. Die gleiche Problematik menschlichen Handelns und Fehlverhaltens, die in den zwanziger Jahren in direkter, ausdrücklich gesellschaftsbezogener Weise gestaltet worden war, wird nun indirekt, vermittelt über die zeitlose Aktualität der biblischen Stoffe, in Bilder umgesetzt. Das Grundthema von Eros und Tod setzt sich hier auf einer sublimierten

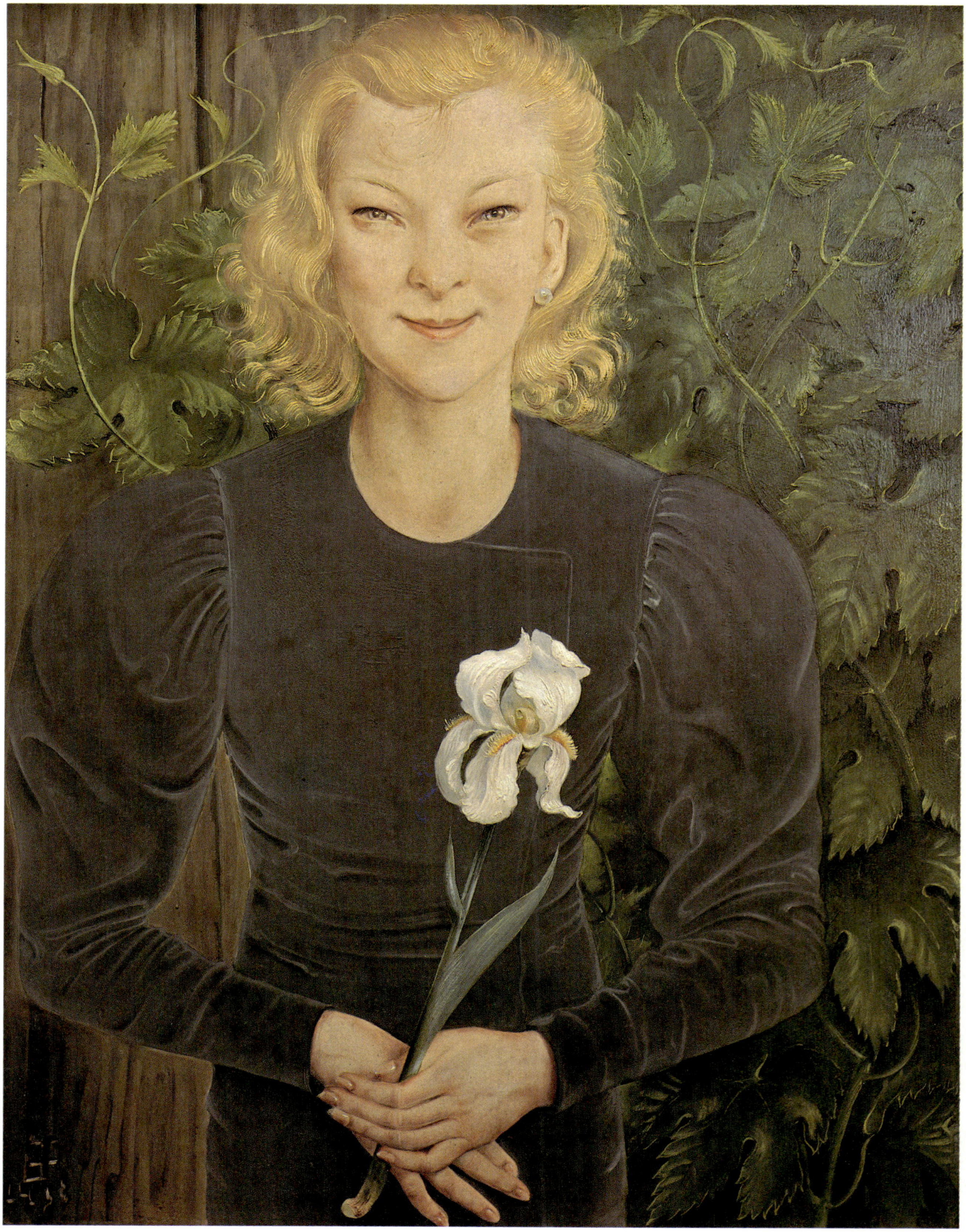

82

BILDNIS DER TÄNZERIN TAMARA DANISCHEWSKI MIT IRIS, 1933
Mischtechnik auf Holz, 81 × 63,5 cm. Galerie der Stadt Stuttgart

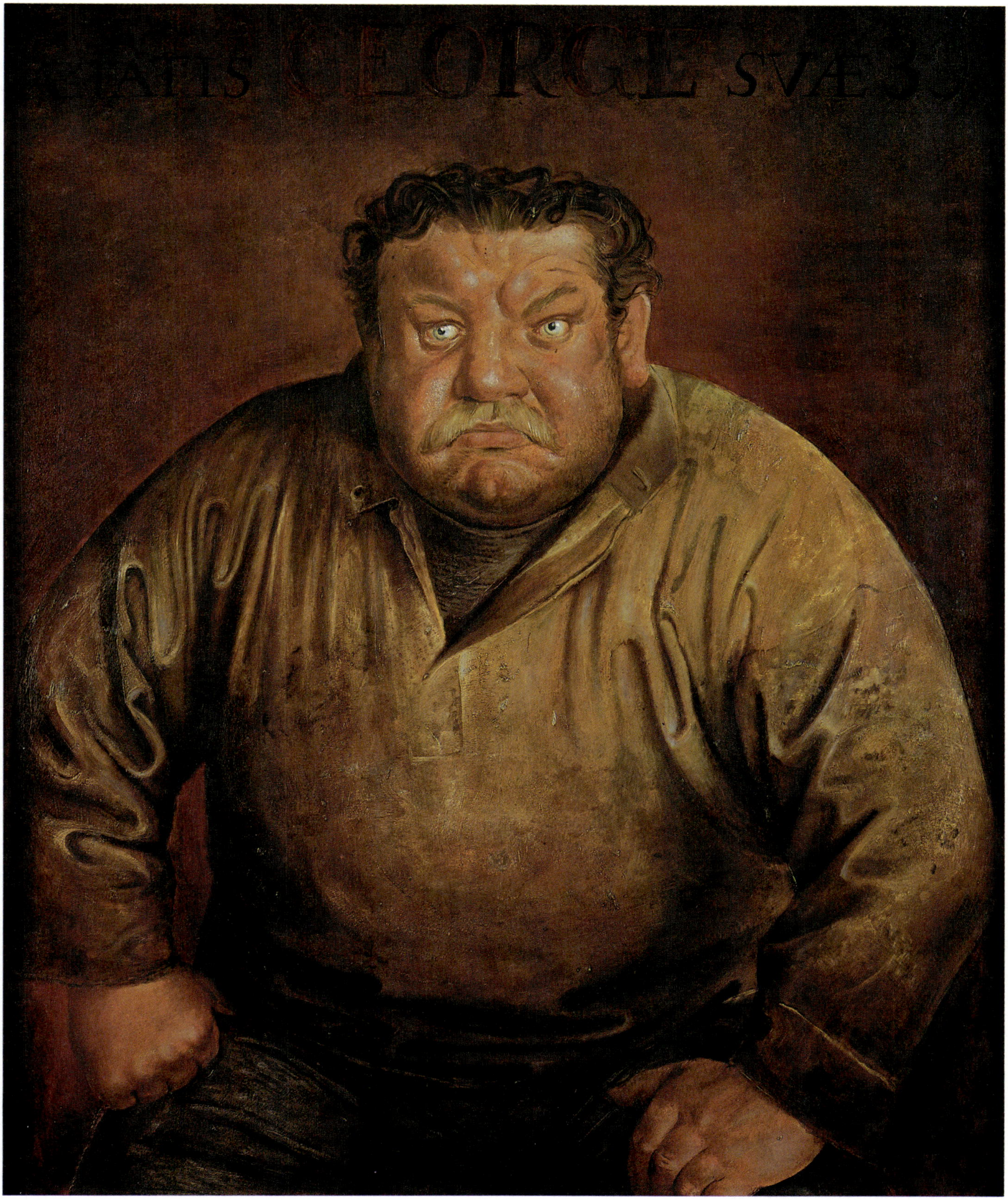

Bildnis des Schauspielers Heinrich George (als Franz Biberkopf), 1932
Mischtechnik auf Holz, 100 × 85 cm. Galerie der Stadt Stuttgart

Judenfriedhof von Randegg, 1934
Silberstift, 48,6 × 53,2 cm. Städtische Galerie Albstadt

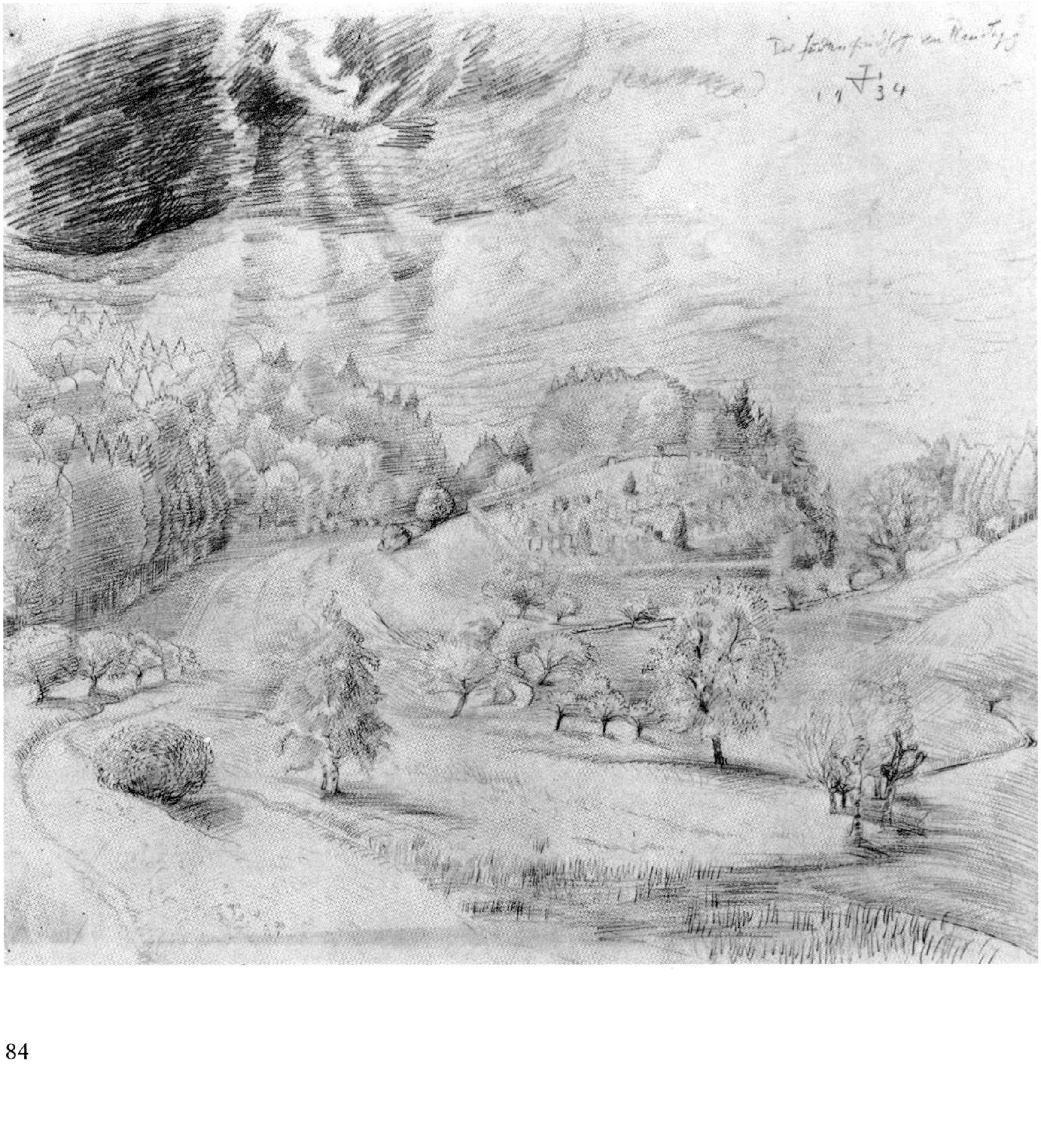

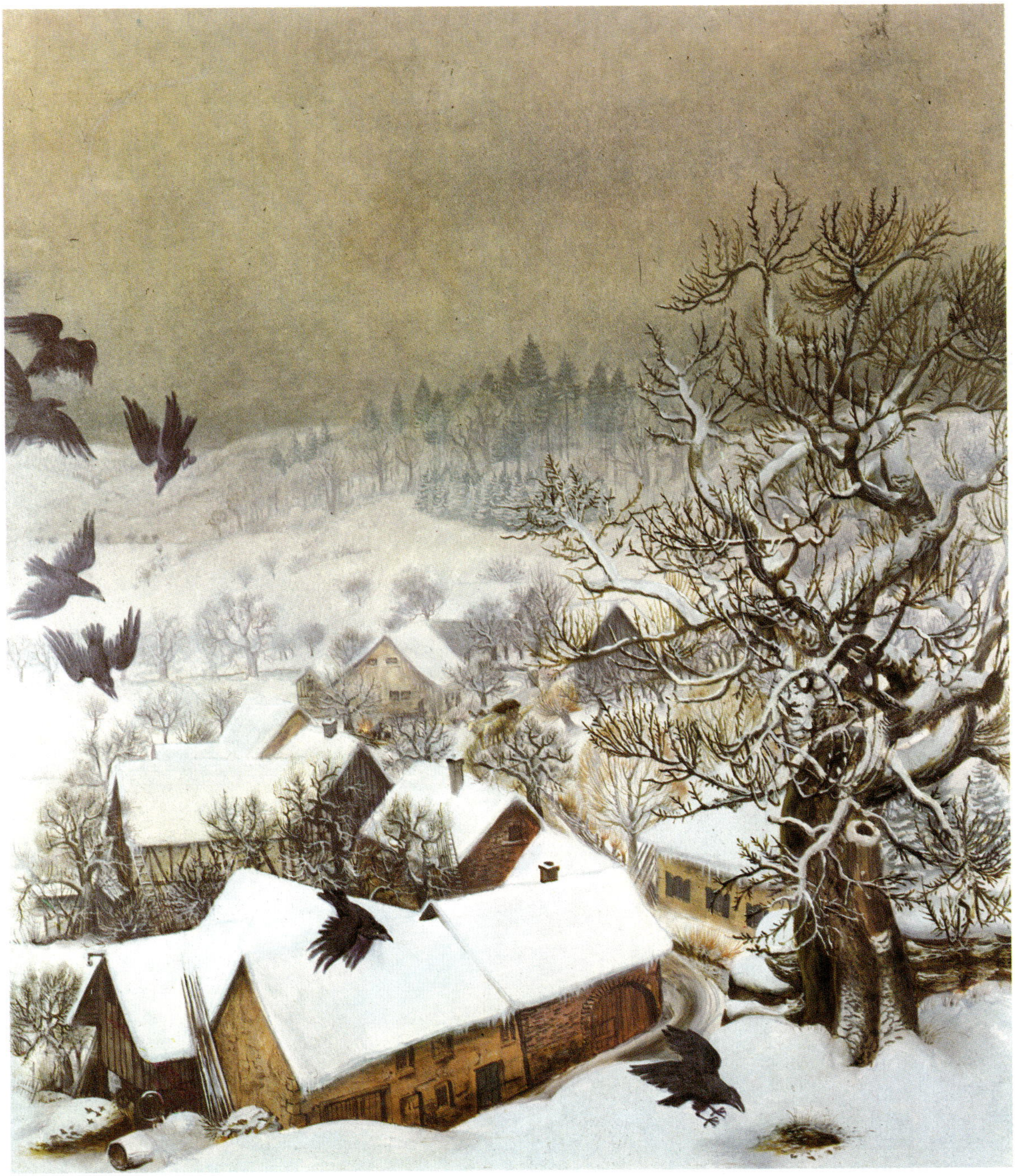

Randegg im Schnee mit Raben, 1935
Mischtechnik auf Holz, 80 × 70 cm
Otto Dix Stiftung, Vaduz, Liechtenstein

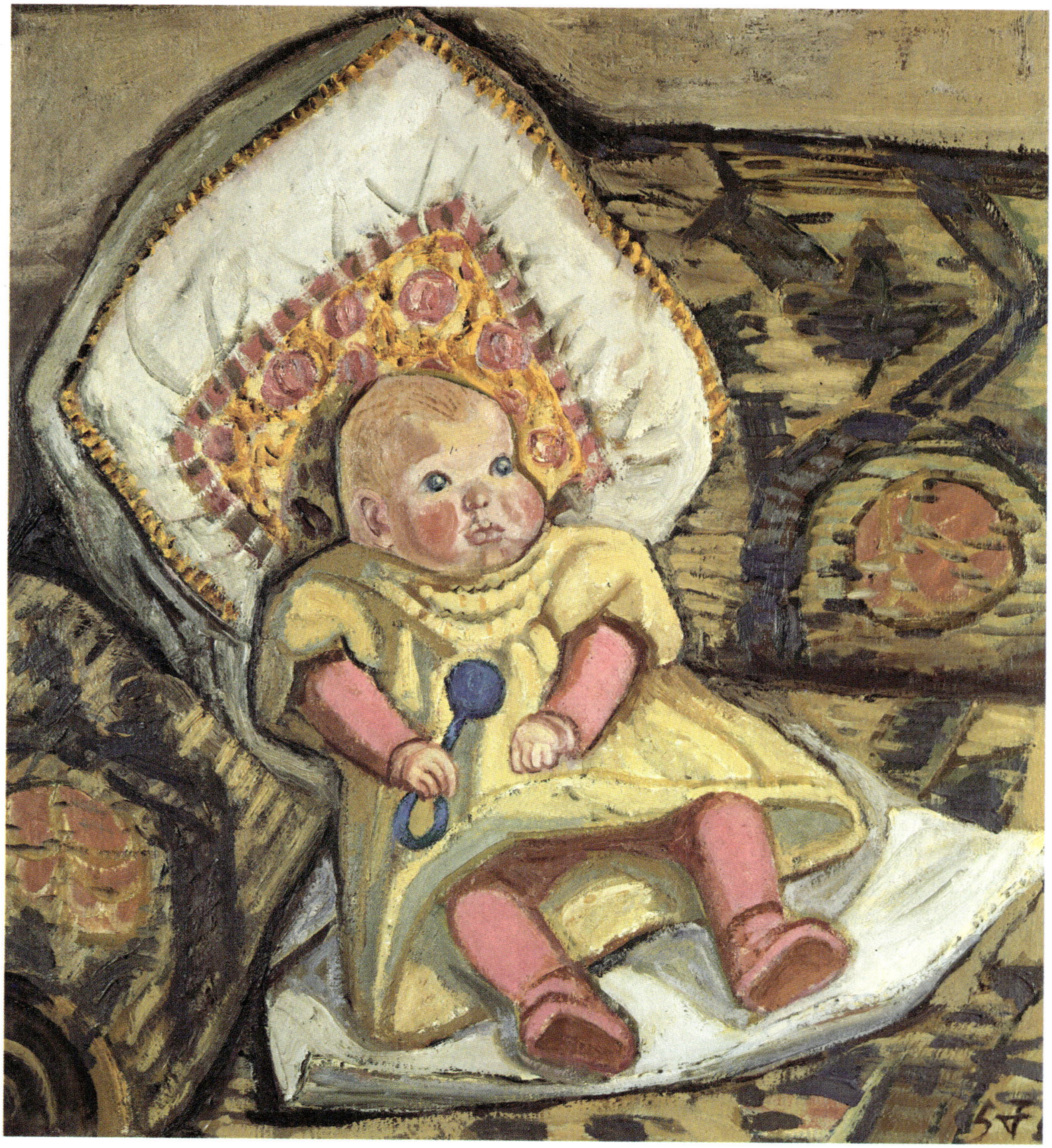

Bettina im Clubsessel, 1951
Öl auf Leinwand, 85,5 × 75,5 cm
Privatbesitz

▷
Und neues Leben blüht aus den Ruinen, 1946
Öl auf Preßholz, 100 × 80 cm
Otto Dix Stiftung, Vaduz, Liechtenstein

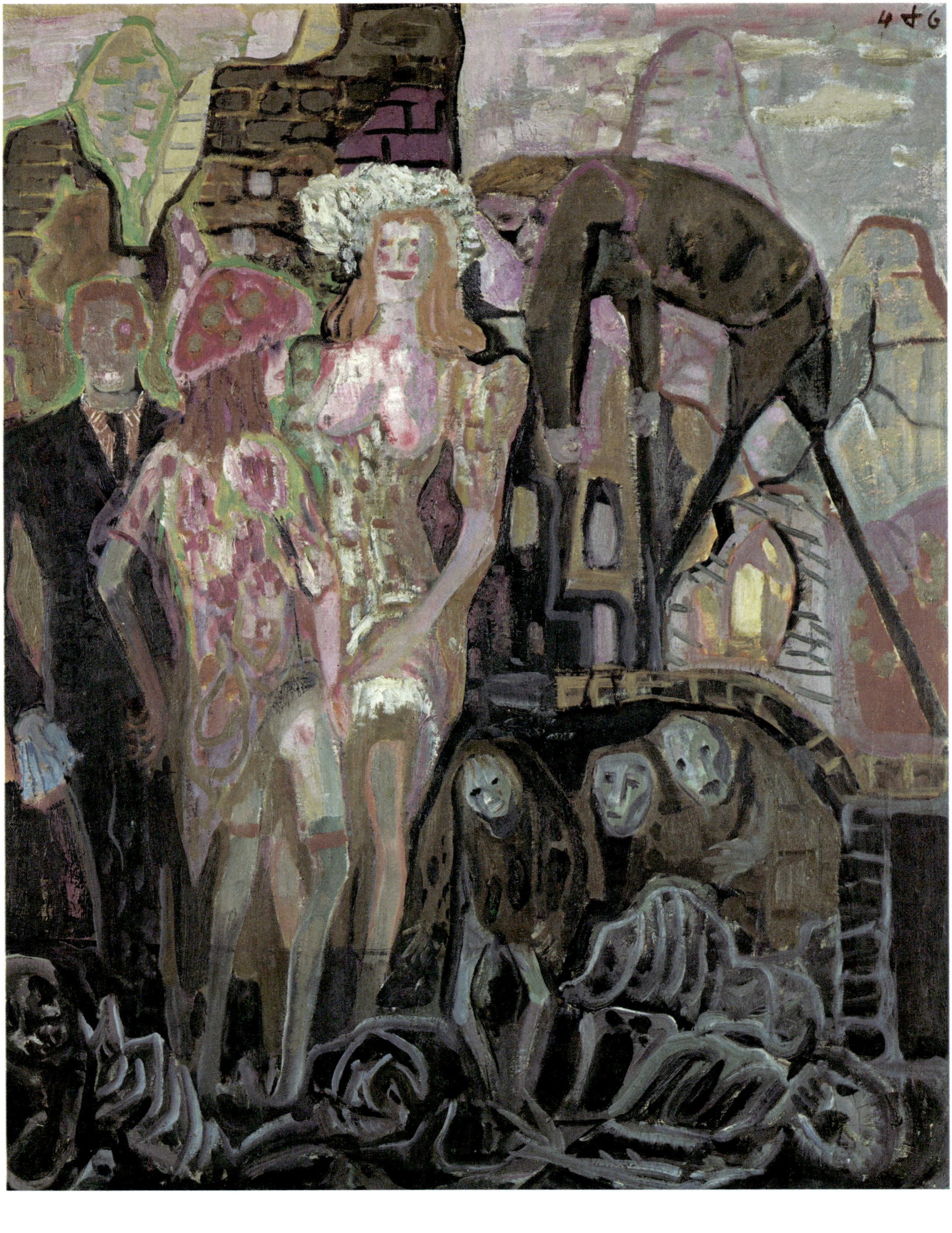
4 ♂ 6

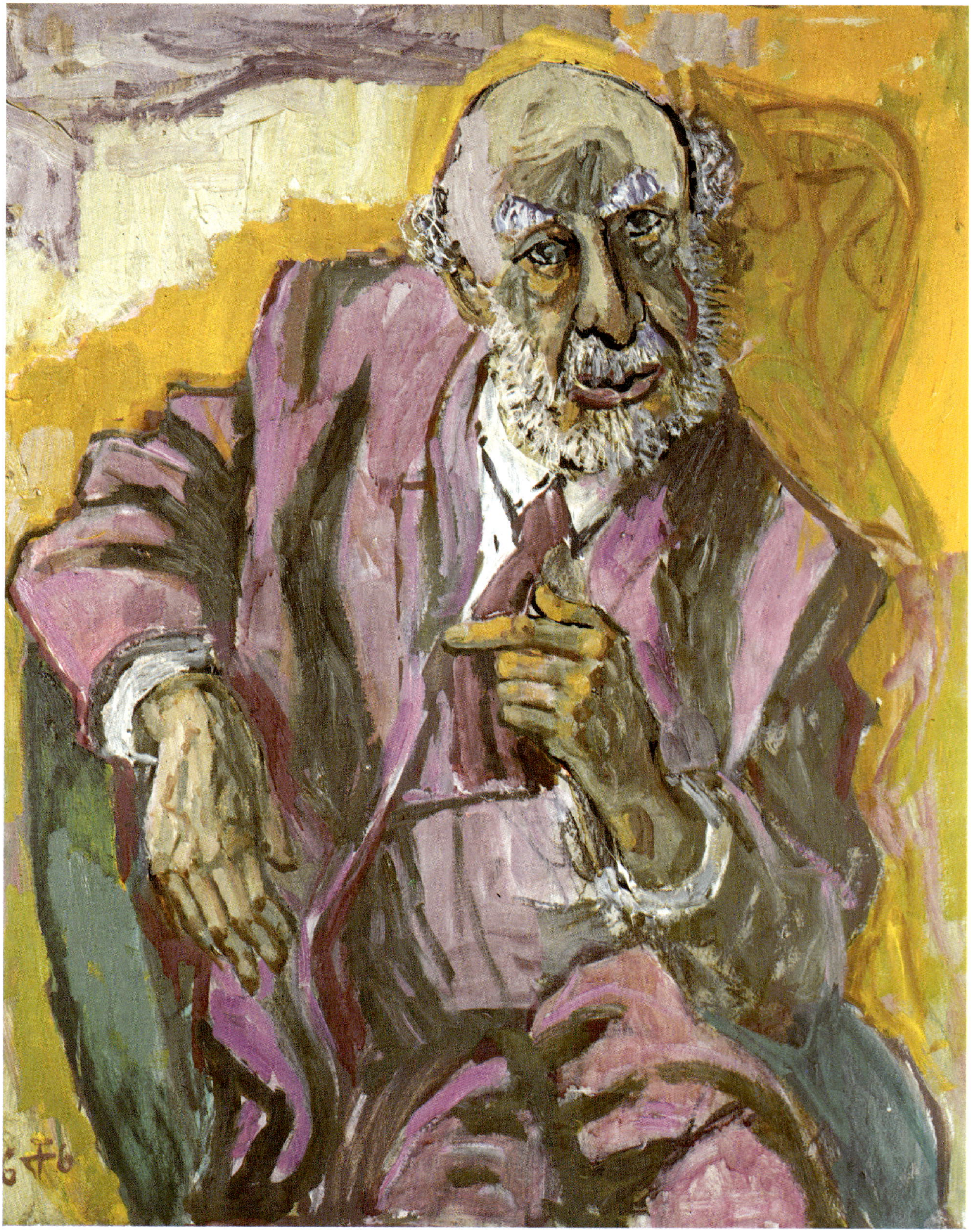

Portrait des Psychiaters Dr. Fritz Perls, 1966
Öl auf Holz mit Tempera Untermalungen, 93 × 74 cm. Otto Dix Stiftung, Vaduz, Liechtenstein

Ebene fort. Nach mehreren eindringlichen Darstellungen des Leidenswegs Christi, alle von 1948, vermittelt die *Große Auferstehung Christi II* von 1949 zum erstenmal nach dem Krieg wieder eine lebenszugewandtere Verfassung von Dix. Von geradezu hymnischer Ausstrahlung zeigt sie in leuchtenden Blautönen das Bild eines sehr menschlichen Christus, der seine noch sichtbaren Verletzungen überwunden hat. Ebenso betont menschliche Beziehungen schildert das weit später, 1958, entstandene Gemälde *David und Saul:* Im Mittelpunkt steht der vom »bösen Geist« gepeinigte, durch aggressive eckige Rot- und Goldflächen charakterisierte König Saul, für den das Kind David besänftigend die Laute spielt. Die Sanftheit seiner Gesichtszüge und seines Körpers sind ebenfalls durch die weich schattierte Farbigkeit seiner Gestalt in Rosa, Hellgelb, Blau- und Grüntönen und den farbigen Umraum um diese erreicht.

1948 schuf Dix eine Reihe außerordentlicher Pastelle mit religiösen Themen. Die dafür angewandte Technik der mehrfachen Überzeichnung und Übermalung der linearen Strukturen ist bemerkenswert. Es entstand ein tiefenräumliches Geflecht aus Strichstrukturen, das aufgrund seiner nachvollziehbaren Transparenz der Überlagerungen Verletztheit und Verletzlichkeit eindringlich »übersetzt«. Vor allem das Pastell *Gethsemane* zeigt das Entstehen der Gestalten aus Linienschichten. Technisch verwandt durch ihre Wirkung von Tiefenräumlichkeit und Transparenz sind diese Pastelle den Gemälden in Lasurtechnik. 1960 fertigte Dix anläßlich des Zyklus von 33 Lithographien zum Matthäus-Evangelium eine Reihe von Vorzeichnungen in Bleistift, Feder und Tusche.

Drei größere Aufträge erhielt der Künstler 1959 und 1960. Für die evangelische Kirche Petrus in Kattenhorn am Untersee schuf er drei große Glasfenster mit den Themen *Petrus als Fischer, Weide meine Schafe* und *Verleugnung des Petrus.* Der zweite Auftrag betraf den Abschluß der Rückwand des Rathaussaales der Stadt Singen durch ein Fresko. 1960 führte Dix es als »Synthese für das, um was ich mich ein Leben lang in meiner Arbeit bemühte« (seine eigenen Worte) aus, als Variation seines Grundthemas Eros und Tod. Das Wandbild mit dem Titel *Krieg und Frieden* maß fünf Meter in der Höhe und zwölf Meter in der Länge, besaß damit durchaus monumentale Dimensionen. Ebenfalls 1960 malte Dix den kleinen Saal des Standesamtes aus, erneut im Rathaus Singen. Wieder schuf er Fresken, dieses Mal Paradiesszenen, darunter die Begegnung von *Adam und Eva mit den Tieren*, die er an drei Wänden des Saales veranschaulichte.

Insgesamt aber blieb ihm der angemessene Erfolg versagt. Dix fühlte sich zu Recht mißachtet und von beiden deutschen Staaten, der Bundesrepublik Deutschland wie der Deutschen Demokratischen Republik, verkannt. Gegenständliche Kunst wurde in der westdeutschen Kulturszene der Nachkriegszeit gänzlich ignoriert.

Auch die offizielle Kulturpolitik der DDR blieb Dix gegenüber zunächst ablehnend. Er ließ sich offensichtlich zu wenig für die marxistische Kunstideologie vereinnahmen. Weder erfolgte eine Professur in Dresden noch wurden seine Einsendungen zur 3. deutschen Kunstausstellung von 1953 akzeptiert. Erst 1956, mit der Ernennung zum korrespondierenden Mitglied der Deutschen Akademie in Berlin und den sich 1957 daran anschließenden Ausstellungen, geschah eine wenigstens teilweise »Wiedergutmachung«. Im letzten Lebensjahrzehnt konnte Dix glücklicherweise doch noch die allmähliche nationale und in Ansätzen bereits internationale Würdigung seines Werkes erleben. Mehrfache Ernennungen zum Ehrenbürger, so 1964 der Medizinischen Akademie Carl-Gustav-Carus in Dresden, 1966 der Stadt Gera und der Stadt Singen, 1968 der Staatlichen Akademie der bildenden Künste Karlsruhe, und Ehrenmitgliedschaften (1964 der Accademia delle arti del disegno in Florenz, 1966 des Verbandes bildender Künstler der DDR) brachten die überfällige Entschädigung. Die Verleihung verschiedener Preise — 1966 Lichtwark-Preis der Stadt Hamburg, 1967 Hans-Thoma-Preis des Landes Baden-Württemberg, Lindner-Preis der Stadt Wuppertal, Medaglia d'oro del Monte dei Paschi di Siena, 1968 Rembrandt-Preis der Johann-Wolfgang-von-Goethe-Stiftung in Salzburg — festigten seine künstlerische Anerkennung.

Dix arbeitete bis zuletzt. Landschaften und Portraits, vorwiegend Lithographien, bestimmen das Werk der letzten Jahre. Dazwischen lagen 1953 Reisen nach Südfrankreich, Süditalien, ins Elsaß und 1967 nach Griechenland. Selbst nach seinem ersten Schlaganfall im November 1967, der zur zeitweisen Lähmung der linken Hand führte, entstanden noch Bildnisse, am erschütterndsten darunter das *Selbstbildnis als Totenkopf* (siehe S. 91), eine Jean Cassou gewidmete Lithographie.

Am 19. Juli 1969 traf ihn ein zweiter Schlaganfall. Auf der Staffelei stand sein letztes Gemälde, ein *Blumenstrauß.* Von diesem Schlaganfall erholte sich Dix nicht mehr. Er starb am 25. Juli in Singen im Krankenhaus.

Selbstbildnis als Kriegsgefangener (Skizze zum), 1947
Bleistift, 25,5 × 32,8 cm
Städtische Galerie Albstadt. Stiftung Walther Groz

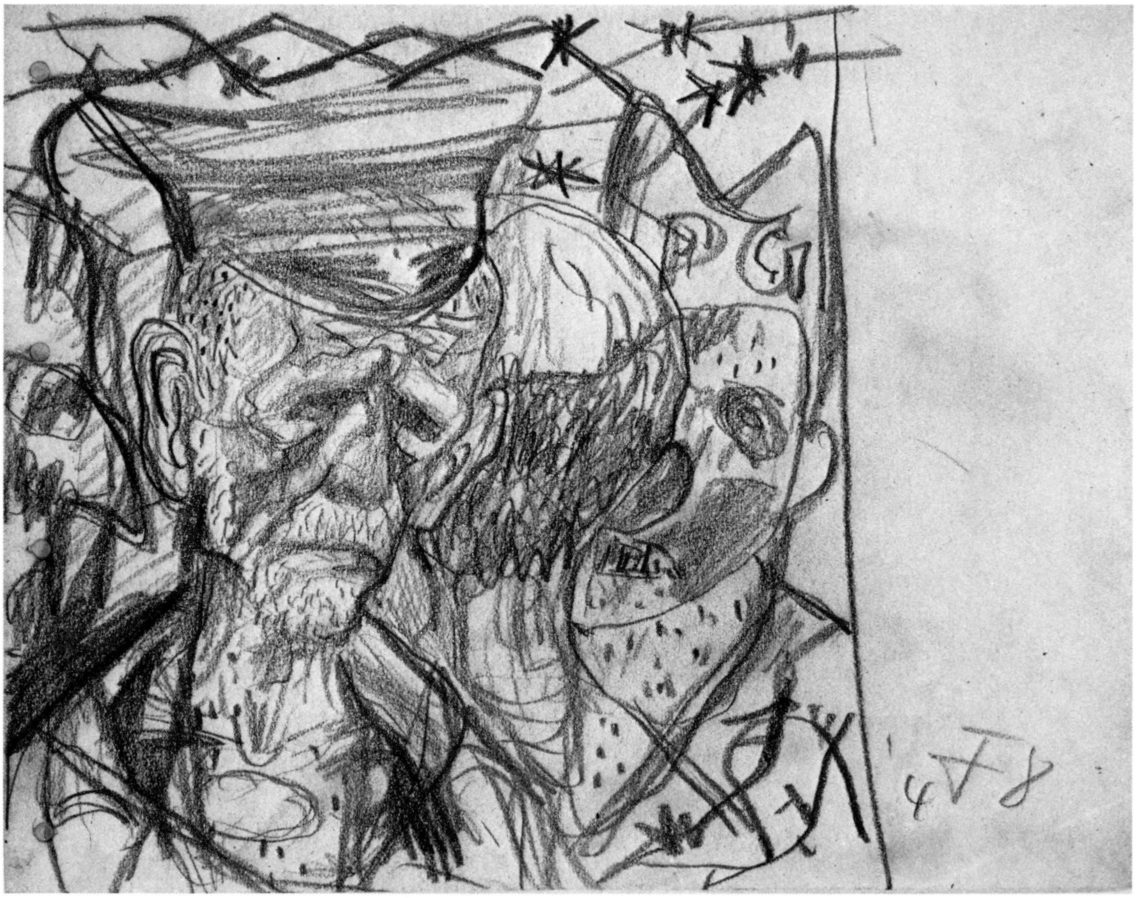

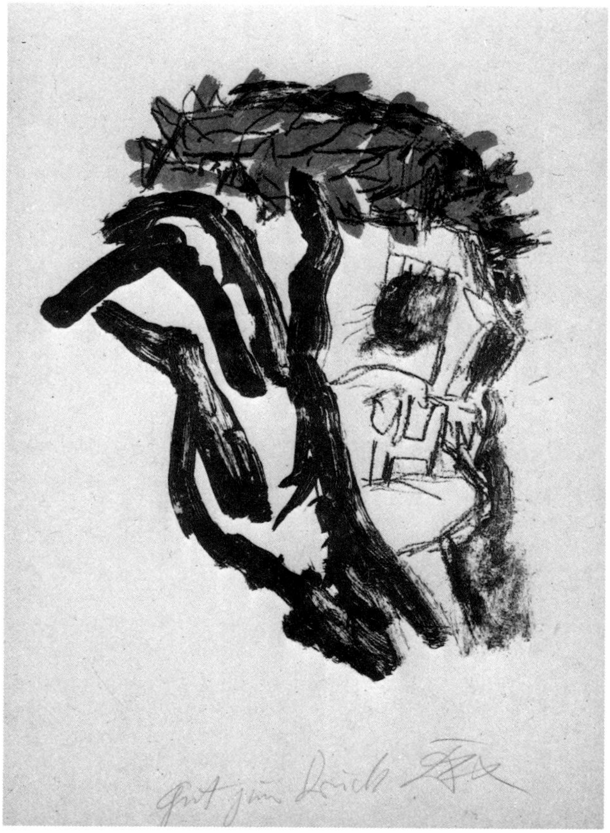

Selbstbildnis als Totenkopf
(Ehrung für Jean Cassou), 1968
Farblithographie, 26,7 × 22,2 cm
Städtische Galerie Albstadt
Stiftung Walther Groz

WINTER AM SEE, 1951
Öl auf Preßholz, 60 × 81 cm
Otto Dix Stiftung, Vaduz, Liechtenstein

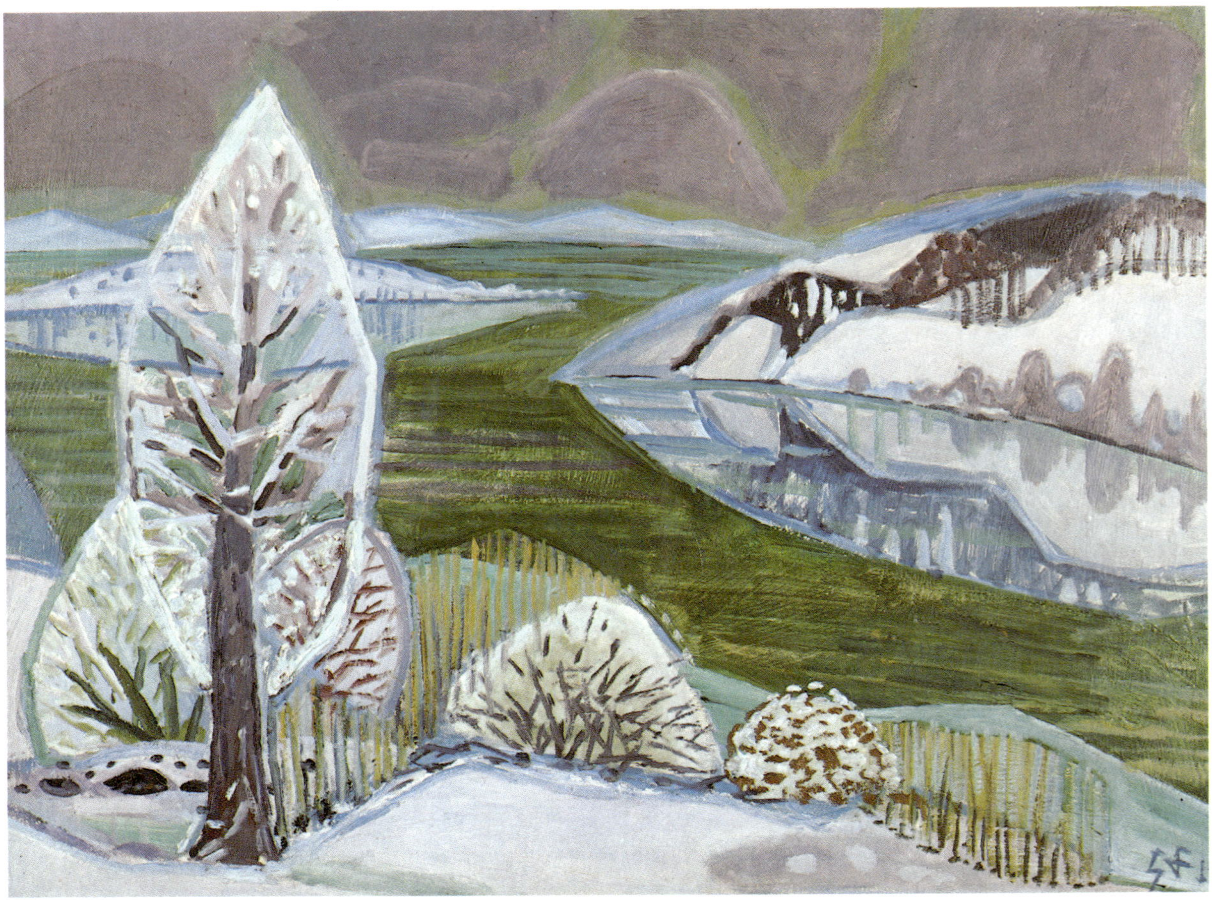

BIOGRAPHIE

1891 am 2. Dezember geboren in Untermhaus bei Gera (Thüringen).

1905–1909 Dekorationsmaler-Lehre in Gera.

1910–1914 Besuch der Kunstgewerbeschule in Dresden.

1914–1918 Frontsoldat in Frankreich und Rußland.

1919–1922 Studium an der Dresdener Akademie. Meisterschüler bei Max Feldbauer und Otto Gußmann. Mitbegründer der Gruppe 1919 der Dresdener Sezession.

1922–1925 Schüler von Heinrich Nauen und Wilhelm Herberholz an der Düsseldorfer Akademie. Mitglied des Kreises um Johanna Ey und der Gruppe »Das junge Rheinland«. Heirat in Düsseldorf (1923). Entstehung der Radierfolge »Der Krieg« (1923 bis 1924). Studienreisen nach Italien und Paris. Kollektivausstellungen in der Nationalgalerie Berlin und den Staatlichen Gemäldesammlungen München (1925).

1925–1927 in Berlin. Förderung durch die Galerie Nierendorf. Kollektivausstellungen in den Galerien Neumann-Nierendorf, Berlin, und Thannhauser, München (1926).

1927–1933 Professor an der Dresdener Akademie. Beteiligung an Ausstellungen im Ausland, u. a. in New York. Kollektivausstellung in der Galerie Wolfsberg, Zürich (1929), und Teilnahme an der Biennale in Venedig (1930).

1933–1945 Amtsenthebung. Ausstellungsverbot. Diffamierung durch die Ausstellungen »Spiegelbilder des Verfalls« in Dresden 1933, »Novembergeist, Kunst im Dienste der Zersetzung« in Stuttgart 1933 und »Entartete Kunst« in München 1937. Aufenthalt in Randegg bei Singen. Ab 1936 in Hemmenhofen am Bodensee ansässig. Beteiligt an Ausstellungen im Museum of Modern Art, New York, und im Carnegie-Institut in Pittsburgh (1935). Kollektivausstellung in der Galerie Wolfsberg, Zürich (1938). Im selben Jahr Beschlagnahme von 260 Arbeiten aus öffentlichem Besitz.

1939 Kurze Inhaftierung durch die Gestapo wegen angeblicher Beteiligung am Münchner Attentat. 1945 zum Volkssturm eingezogen.

1946 Nach der Entlassung aus französischer Kriegsgefangenschaft in Colmar Rückkehr nach Hemmenhofen. Seither wieder zahlreiche Ausstellungen im In- und Ausland.

Seit 1949 jährliche Besuche in Dresden und Druck von Lithographien in der dortigen Akademie.
Seit 1953 mehrere Studienreisen nach Südfrankreich, Süditalien und ins Elsaß.

1967 Reise nach Griechenland. Im November erster Schlaganfall mit Lähmung der linken Hand.

1968 Druck der letzten Lithographien in der Erker-Presse in St. Gallen.

1969 am 25. Juli in Singen (Hohentwiel) gestorben.

ERNENNUNGEN UND AUSZEICHNUNGEN.

1931 Mitglied der Preußischen Akademie der Künste, Berlin.

1954 Präsident der Sezession Oberschwaben/Bodensee.

1955 Ordentliches Mitglied der Akademie der Künste in West-Berlin.

1956 Korrespondierendes Mitglied der Deutschen Akademie der Künste in Ost-Berlin.

1957 Ehrensenator der Hochschule für bildende Künste in Dresden.

1959 Großes Bundesverdienstkreuz. Cornelius-Preis der Stadt Düsseldorf.

1962 Ehrengast der Villa Massimo in Rom.

1963–1967 Vorsitzender des Künstlerbundes Baden-Württemberg.

1964 Ehrenmitglied der Accademia delle arti del disegno in Florenz. Ehrenbürger der Medizinischen Akademie Carl-Gustav-Carus in Dresden.

1966 Lichtwark-Preis der Stadt Hamburg. Martin-Andersen-Nexö-Preis der Stadt Dresden. Ehrenmitglied des Verbandes bildender Künstler der DDR. Ehrenbürger der Stadt Gera. Ehrenring der Stadt Singen.

1967 Hans-Thoma-Preis des Landes Baden-Württemberg. Lindner-Preis der Stadt Wuppertal. Medaglia d'oro del Monte dei Paschi di Siena.

1968 Ehrenbürger der Staatlichen Akademie der bildenden Künste, Karlsruhe. Rembrandt-Preis der Johann-Wolfgang-von-Goethe-Stiftung in Salzburg.

Mit der freundlichen Genehmigung der Galerie der Stadt Stuttgart, entnommen aus: OTTO DIX – Menschenbilder, Gemälde, Aquarelle, Gouachen, Zeichnungen, Galerie der Stadt Stuttgart, 1981/82.

Wir danken der Otto Dix Stiftung, Vaduz, für die freundliche Unterstützung und die Genehmigung zur Reproduktion der zur Verfügung gestellten Abbildungen.

BIBLIOGRAPHIE

BÜCHER UND AUFSÄTZE (AUSWAHL)

Brigid S. Barton: Otto Dix und Die Neue Sachlichkeit 1918–1925, Michigan 1981.

Rainer Beck: Dix, ein Fanatiker der Wahrheit, in: Weltkunst, 41. Jg., 1971, Nr. 20, S. 1238f.

Rainer Beck: Zwei notwendige Korrekturen, in: Weltkunst, 43. Jg., 1973, Nr. 15, S. 1215f.

Rainer Beck: Boccioni und Mailand, in: Weltkunst, 53. Jg., 1983, Nr. 22, S. 3274f.

Rainer Beck: Dionysos Dix, in: Weltkunst, 54. Jg., 1984, Nr. 10, S. 1411ff.

Otto Dix – 25 Bilder, Farblichtbildreihe H 49 herausgegeben von den Landesbildstellen Baden und Württemberg 1972, Texte von Richard Bellm.

Otto Conzelmann: Otto Dix, Hannover 1959.

Otto Conzelmann: Otto Dix – Handzeichnungen, Hannover 1968.

Otto Conzelmann: Der Fall Otto Dix – Fritz Löffler: Otto Dix in Dresden, Sonderdruck der Schriftenreihe der Hans-Thoma-Gesellschaft, Reutlingen 1971.

Otto Conzelmann: Otto Dix – Weiber, Sonderausgabe 2001, Frankfurt 1976.

Otto Conzelmann: Otto Dix – Handzeichnungen, Pastelle, Lithographien in: Die Kunst und das schöne Heim, München 1976.

Otto Conzelmann und *Fritz Löffler*: Ansprachen zur Eröffnung der Ausstellung »Menschenbilder«, Sonderdruck der Galerie der Stadt Stuttgart 1981.

Otto Conzelmann: Der andere Dix – Sein Bild vom Menschen und vom Krieg, Stuttgart 1983.

Wolf Dieter Dube: Der Expressionismus in Wort und Bild, Genf–Stuttgart 1983.

Carl Einstein: Die Kunst des 20. Jh. (Propyläen Kunstgeschichte), Berlin 1926[2], 1931[3].

Lothar Fischer: Otto Dix, ein Malerleben in Deutschland, Berlin 1981.

Curt Glaser: Otto Dix, in: Kunst und Künstler, 25. Jg., 1927, S. 105ff.

Wolfgang Hütt: Deutsche Malerei und Graphik im 20. Jh., Berlin 1969.

Eva Karcher: Eros und Tod im Werk von Otto Dix, Studien zur Geschichte des Körpers in den zwanziger Jahren (Dissertation, München 1982), Münster 1984.

Florian Karsch: Otto Dix – das graphische Werk, Hannover 1970.

Hans Kinkel: Otto Dix – Protokolle der Hölle, Hamburg 1968.

H. E. Kleine-Natrop und *Fritz Löffler*: Die Medizin im Werke von Otto Dix, Dresden 1962[1], 1968[2] (Sonderdruck).

Fritz Löffler: Otto Dix – Leben und Werk, Dresden 1960[1], 1967[2], 1973[3], 1977[4].

Fritz Löffler: Otto Dix – Graphik aus fünf Jahrzehnten, Leipzig 1978.

Fritz Löffler: Otto Dix, Werkverzeichnis der Gemälde, Recklinghausen 1981.

Heinz Lüdecke: Otto Dix, Dresden 1958.

Walter Mangold: Otto Dix – späte Lithographien und Pastelle, Konstanz 1961.

Linda F. McGreevy: The life and works of Otto Dix, German Critical Realist, Michigan 1981.

Otto Dix, in: Mizue, 8. Jh., Tokio 1972, Nr. 811.

Adam C. Oellers: Ikonographische Untersuchungen zur Bildnismalerei der Neuen Sachlichkeit, 1983.

Rudolf Pérard: Otto Dix – Religiöse Gemälde und Graphik, Darmstadt 1961.

Franz Roh: Entartete Kunst, Kunstbarbarei im Dritten Reich, Hannover 1962.

Alfred Salmony: Dix als Porträtist, in: Der Cicerone, 17. Jg., 1925, S. 1045ff.

Fritz Schmalenbach: Die Malerei der Neuen Sachlichkeit, Berlin 1973.

Diether Schmidt: Otto Dix – Maler und Werk, Dresden 1977.

Diether Schmidt: Otto Dix im Selbstbildnis, Berlin (Ost) 1978.

Paul Ferdinand Schmidt: Otto Dix, Köln 1922.

Wieland Schmied: Neue Sachlichkeit und Magischer Realismus in Deutschland 1918–1933, Hannover 1969.

Dietrich Schubert: Die Elternbildnisse von Otto Dix aus den Jahren 1921 und 1924, Städel-Jahrbuch, Neue Folge, Nr. 4, München 1973.

Dietrich Schubert: Rezeptions- und Stilpluralismus in den frühen Selbstbildnissen des Otto Dix, in: Studien zur Kunst des 19. Jh., Bd. 38, München 1977.

Dietrich Schubert: Otto Dix in Selbstzeugnissen und Bilddokumenten, rowohlts monographien 287, Hamburg 1980.

Dietrich Schubert: Nietzsche-Konkretionsformen in der Bildenden Kunst 1890–1933, in: Nietzsche-Studien. Internationales Jahrbuch für die Nietzsche-Forschung, Bd. 10/11, 1981/82, S. 308ff.

Dietrich Schubert: Otto Dix und der Krieg, in: D. Harth/D. Schubert/R. M. Schmidt (Hrsg.), Pazifismus zwischen den Weltkriegen, 1918–1933, Heidelberg 1985.

Paul Vogt: Geschichte der Malerei im 20. Jahrhundert, Köln 1972.

Hans Wentzel: Otto Dix zum Gedächtnis. Zur Ausstellung der Galerie der Stadt Stuttgart 1.10.–28.11.1972, in: Kunstchronik, 25. Jg., München 1972, Heft 1.

Günther Wirth: Kunst im deutschen Südwesten von 1945 bis zur Gegenwart, Stuttgart 1982.

Willi Wolfradt: Otto Dix, Leipzig 1924.

AUSSTELLUNGSKATALOGE (AUSWAHL AB 1970)

Aachen 1970. Otto Dix – Handzeichnungen, Graphik und Gemälde der Sammlung Fritz Niescher, Aachen (Texte: Peter Ludwig, Hans Feldbusch, Fritz Löffler), Suermondt-Museum der Stadt Aachen 1970.

Albstadt 1976. Otto Dix – Handzeichnungen, Pastelle, Lithographien (Texte: Alfred Hagenlocher, Otto Conzelmann), Städtische Galerie Albstadt 1976.

Albstadt 1977. Otto Dix – Der Krieg, Handzeichnungen, Radierungen (Texte: Alfred Hagenlocher, Fritz Löffler), Städtische Galerie Albstadt 1977.

Berlin 1974. Realismus und Sachlichkeit, Aspekte deutscher Kunst 1919–1933, Nationalgalerie Berlin, 1974.

Berlin 1977. Tendenzen der zwanziger Jahre, 15. Europäische Kunstausstellung, Berlin 1977.

Berlin 1977. Aspekt Großstadt, Künstlerhaus Bethanien, Berlin 1977, Kunstverein Hannover 1977/78, Kunstverein Frankfurt 1978.

Berlin, Hannover 1977/78. Otto Dix zwischen den Kriegen, Zeichnungen, Aquarelle, Kartons und Druckgraphik 1912–1939 (Texte: Thomas Kempas, Bernd Weyergraf, Hortense v. Heppe, Heinz-Dieter Kittsteiner), Haus am Waldsee, Berlin 1977, Kunstverein Hannover 1978.

Berlin 1981. Realismus zwischen Revolution und Reaktion 1919–1939, Staatliche Kunsthalle Berlin 1981 (siehe Paris 1980/81).

Bonn 1976. Die zwanziger Jahre im Porträt, Porträts in Deutschland 1918–1933, Rheinisches Landesmuseum Bonn 1976.

Braunschweig 1976. Künstler sehen sich selbst, graphische Selbstbildnisse unseres Jahrhunderts, Privatsammlung, Städtisches Museum Braunschweig 1976.

Bregenz 1981. Otto Dix 1891–1969 (Texte: Kunrich Gehrer, Hans Kinkel, Bruno Effinger), Künstlerhaus Palais Thurn und Taxis, Bregenz 1981.

Brüssel 1985. Otto Dix 1891–1969 (Texte: Eugen Keuerleber und Eva Karcher), Palais des Beaux-Arts, Brüssel 1985.

Chambéry 1979. Otto Dix – dessins, pastels, aquarelles, gravures, lithographies de la collection des arts graphiques de la Städtische Galerie Albstadt (Texte: Françoise Guichon, Alfred Hagenlocher, Otto Conzelmann, Jean Cassou), Musées d'Art et d'Histoire de Chambéry 1979.
Die Ausstellung wurde 1980 auch in der Städtischen Galerie Albstadt gezeigt.

Darmstadt 1962. Otto Dix – Gemälde, Handzeichnungen, Aquarelle, Hessisches Landesmuseum Darmstadt 1962.

Dresden 1980/81. Kunst im Aufbruch – Dresden 1918–1933, Staatliche Kunstsammlungen Dresden, Gemäldegalerie Neue Meister 1980/81.

Düsseldorf 1970. Avantgarde gestern, Das junge Rheinland und seine Freunde 1919–1929, Städtische Kunsthalle Düsseldorf 1970.

Düsseldorf 1983. Otto Dix und die Düsseldorfer Künstlerszene 1920–1925 (Text: Peter Barth), Galerie Remmert und Barth, Düsseldorf 1983.

Düsseldorf 1985. Am Anfang: Das Junge Rheinland. Zur Kunst und Zeitgeschichte einer Region, 1918–1945, Städtische Kunsthalle Düsseldorf.

Essen, Frankfurt, Bielefeld 1971/72. Otto Dix – Aquarelle, Handzeichnungen Radierfolge »Der Krieg«, Museum Folkwang Essen 1971, Frankfurter Kunstverein, Kunsthalle Bielefeld 1972.

Freiburg 1971. Otto Dix, Augustinermuseum Freiburg/Br. 1971.

Friedrichshafen 1984. Otto Dix (Text: Lutz Tittel), Städtisches Bodenseemuseum Friedrichshafen 1984.

Gera 1981/82. Otto Dix, Gemälde, Zeichnungen, Druckgraphik (Text: Gerhard Winkler), Kunstgalerie Gera 1981/82.

Graz 1980. Otto Dix – Der Krieg, Zeichnungen, Radierungen aus der graphischen Sammlung der Städtischen Galerie Albstadt (Texte: Alfred Hagenlocher, Otto Breicha, Fritz Löffler) Kulturhaus Graz 1980.

Hamburg 1977. Otto Dix – Zeichnungen, Aquarelle, Graphiken, Kartons (Text: Uwe M. Schneede), Kunstverein in Hamburg, 1977.

Kiel 1980. Otto Dix – Zeichnungen aus dem Nachlaß 1911–1942 (Texte: Jens Christian Jensen), Kunsthalle zu Kiel und Schleswig-Holsteinischer Kunstverein 1980.

Konstanz 1975. Otto Dix – Ölbilder, Aquarelle, Graphik, Kunstverein Konstanz, Wessenberghaus 1975.

London 1978. Cityscape 1910–39, Urban themes in American, German and British Art, Royal Academy of Arts, London 1978.

London 1978/79. Neue Sachlichkeit and German Realism of the Twenties, Hayward Gallery, London 1978/79.

Mailand 1971/72. Il realismo in Germania, Rotonda di via Besana, Mailand 1971/72.

Montrouge 1984. Otto Dix – Art Contemporain (Texte: Nicole Bessec, Rainer Beck), XXIXe Salon de Montrouge 1984.

München 1977. Dresdener Sezession 1919–1923 (Texte: Fritz Löffler, Joachim Heusinger von Waldegg), Galleria del Levante, München 1977.

München 1985. Otto Dix 1891–1969. Villa Stuck. (Texte: Rainer Beck, Diether Schmidt, Otto Conzelmann, Eva Karcher, Fritz Löffler, Ursus Dix), München 1985.

New York 1986. Neue Sachlichkeit, German Realism. The Solomon Guggenheim Museum, New York 1986.

Nürnberg 1977. Otto Dix 1891–1969, Maler, Graphiker. Materialien und Dokumente zu Leben und Werk, Archiv für bildende Kunst, Germanisches Nationalmuseum, Nürnberg 1977.

Paris 1972. Otto Dix – peintures, aquarelles, gouaches, dessins et gravures du cycle de »la guerre« (Texte: Jacques Lassaigne, Eugen Keuerleber, Otto Conzelmann), Musée d'Art Moderne de la Ville de Paris 1972 (siehe Stuttgart 1971).

Paris 1978. Paris–Berlin 1900–1933, Centre national d'art et de culture Georges Pompidou, Paris 1978.

Paris 1980/81. Les Réalismes... Centre Georges Pompidou, Paris 1980/81 (siehe Berlin 1981).

Passau 1983. Otto Dix (Texte: Siegfried Lücke, Hans Kinkel, Eva Karcher, Reinhard Müller-Mehlis), Passau 1983.

Regensburg 1981. Otto Dix und der Krieg, Zeichnungen und Graphik 1913–1924 (Texte: Veit Loers, Dietrich Schubert), Städtische Galerie Regensburg 1981.

Reutlingen 1973. Otto Dix – Pastelle, Handzeichnungen, Hans-Thoma-Gesellschaft, Reutlingen 1973.

Salzburg 1984. Otto Dix – Zeichnungen, Pastelle, Aquarelle, Kartons und Druckgraphik der Jahre 1912–1969, aus der Stiftung Walther Groz in der Städtischen Galerie Albstadt (Texte: Otto Breicha, Alfred Hagenlocher, Eva Karcher, Otto Conzelmann), Rupertinum Salzburg 1984.

St. Etienne, Chambéry 1974. Réalismes en Allemagne 1919–1933 (Texte: Françoise Guichon, Bernard Ceysson), Musée d'Art et d'industrie, Saint Etienne, Musée d'Art et d'Histoire, Chambéry 1974.

Saulgau 1979. Otto Dix 1891–1969, Städtische Galerie »Die Fähre«, Saulgau 1979.

Stockholm 1979. Kunst und Gesellschaft in der Weimarer Republik, Moderna Museet, Stockholm 1979.

Stuttgart 1971. Otto Dix zum 80. Geburtstag – Gemälde, Aquarelle, Gouachen, Zeichnungen und Radierfolge »Der Krieg« (Texte: Eugen Keuerleber, Fritz Löffler, Otto Conzelmann), Galerie der Stadt Stuttgart 1971 (siehe Paris 1972).

Stuttgart 1979. Otto Dix – Zeichnungen aus eigenen Beständen (Text: Eugen Keuerleber), Galerie der Stadt Stuttgart 1979.

Stuttgart 1981/82. Otto Dix – Menschenbilder, Gemälde, Aquarelle, Gouachen und Zeichnungen (Texte: Eugen Keuerleber, Otto Conzelmann, Berta Drews-George), Galerie der Stadt Stuttgart 1981/82.

Stuttgart 1983. Otto Dix – Gemälde, Aquarelle, Zeichnungen (Text: Freerk Valentien), Galerie Valentien, Stuttgart 1983.

Utrecht 1982/83. Otto Dix – »Der Krieg« (zus. mit A. Hrdlicka »Wie ein Totentanz«) (Text: Wouter Kotte), übernommen vom Kunstverein Heidelberg, Hedendaage Kunst, Utrecht 1982/83.

Wien 1977. Neue Sachlichkeit und Realismus, Museum des 20. Jahrhunderts, Wien 1977.

ABBILDUNGEN